DIE FASZINATION DES ZIELS

WIE SIE DIE PERFORMANCE IHRER MITARBEITER NACHHALTIG STEIGERN

2. Auflage

Inklusive Hörbuch-Version des Textes
auf der beiliegenden Audio-CD

BERND WILDENMANN

DIE
FASZINATION
DES ZIELS

L LUCHTERHAND

Die Deutsche Bibliothek – CIP-Einheitsaufnahme
Die Faszination des Ziels : wie Sie die Performance Ihrer Mitarbeiter nachhaltig
steigern / Bernd Wildenmann. – 2., veränd. Aufl.. – Neuwied ; Kriftel : Luchterhand
2002

ISBN 3-472-05044-6

Inklusive Hörbuch-Version des Textes auf Audio-CD
Sprecher: Dr. Bernd Wildenmann

Ausstattung: GrafikDesign Reckels & Schneider-Reckels, Wiesbaden
Lektorat: Reiner Straub und Jutta Karrasch
Druck: Betz-Druck, Darmstadt
Bindung: Buchbinderei Schaumann, Darmstadt
Printed in Germany

Gedruckt auf säurefreiem, alterungsbeständigen und chlorfreiem Papier
www.luchterhand.de

VORWORT 2. AUFLAGE

Mein Ziel für das Buch war und ist es, eine Buchreihe mit leicht lesbaren und verständlichen Texten zu starten. Mit Themen, die im Management eine zentrale Bedeutung haben. Für jeden Manager. So geschrieben, dass die kernigen Botschaften rüberkommen, alles was Füllsel ist bleibt weg. Jeder, der das Buch gelesen hat, soll den Inhalt sofort umsetzen können. Ob Unternehmer oder Teamleiter.

Offen gestanden bin ich durch ein Buch auf die Idee gekommen, das Simon Schott – er muss irgendetwas mit dem bekannten Schott Verlag zu tun haben – geschrieben hat: »So spielen Sie Bar Piano.« Es ist so unterhaltsam geschrieben und reduziert das Wesentliche der Musiktheorie auf die entscheidenden Faktoren. Ich dachte mir damals: So müsste Management-Literatur geschrieben sein!

Mit dem Ziele Buch habe ich versucht, diese Art Schreibe umzusetzen. Die erste Auflage ist verkauft. Das Feedback vieler Leser ist für mich sehr ermutigend.

Um den Effekt zu verstärken, habe ich für die zweite Auflage wesentliche Teile auf eine Audio-CD gesprochen. In einer Stunde können Sie die wichtigsten Teile des Buches hören. Eine Stunde Autofahrt. Den Rest lesen Sie vertiefend nach. Viel Spaß dabei !

Dr. Bernd Wildenmann   Karlsbad, Januar 2002

INHALTSVERZEICHNIS

1. DIE FASZINATION DES ZIELS

Vor kurzem wurde der berühmte Bergsteiger Reinhold Messner gefragt, ob das, was er bisher an Expeditionen und Touren gemacht hat, nicht eigentlich sinnlos sei. Seine Antwort war: Das was ich getan habe war vielleicht nutzlos, aber nicht sinnlos.

Was bringt einen Menschen dazu, in halsbrecherischer Art auf einer Rennstrecke zu fahren, obwohl er bereits schon so viel Geld verdient hat, dass er leicht davon leben könnte? Ein Freund erzählte mir kürzlich, dass er als junger Mensch völlig mittellos in eine Flugschule ging und den Leiter dieser Schule überzeugte, dass er ihm eine Ausbildung ermöglichen solle. Heute ist der junge Mann Flugkapitän bei der Lufthansa.

Wie ist es zu erklären, dass der Portugiese »Heinrich der Seefahrer« im 15. Jahrhundert durch seine Kapitäne eine weltweite Seeherrschaft aufbaute und die gesamte Erdkugel befahren und vermessen ließ?

2

Allen gemeinsam ist:

DAS
ZIEL

Sie hatten oder haben heute noch ein Ziel. Ein Ziel, das ihrem Tun und ihrer Anstrengung Sinn gibt. Nicht das Tun, die Tat gibt unbedingt den Sinn, es ist das Ziel, das menschliche Bestreben, das dem Individuum den Sinn gibt.

Und: Menschen, die keinen Sinn mehr im Leben sehen, also kein Ziel mehr haben, werden kraftlos und depressiv. Vielleicht hilft uns Menschen das Ziel, uns von der Auseinandersetzung mit dem Universum abzulenken. Wir können es sowieso nicht verstehen und leben in unserer kleinen Welt voller großer aber eigentlich unbedeutender Probleme.

OH JE,

denken Sie vielleicht jetzt. Sie haben sich ein Buch gekauft mit der Hoffnung, eine praktische Anleitung für die Arbeit mit Zielen zu bekommen. So wie das losgeht, könnte sich die Hoffnung schnell in Enttäuschung verwandeln: Lauter nutzlose Betrachtungen.

KEINE ANGST

Die praktischen Anleitungen finden Sie garantiert in diesem Buch. Dafür habe ich es eigentlich auch geschrieben.

Aber in vielen Gesprächen mit meinen Kunden habe ich immer wieder den Eindruck gewonnen, dass oft der eigentliche Sinn des Ziels nicht genügend beachtet wurde. Letzten Endes ist das der Grund, warum so viele Zielsysteme in den Betrieben ein bedauerliches Dasein führen und vor sich hin siechen.

Ich möchte Sie nicht erschrecken, aber

WIE STEHT ES MIT IHREN ZIELEN?

Menschen mit Talenten haben offensichtlich stets und immer irgendwelche Vorstellungen, was sie noch tun oder unternehmen möchten oder was sie noch anschaffen wollen. Andere würden sagen, dass diese Vorhaben ziemlich aussichtslos sind, aber ...

NICHTS IST UNMÖGLICH, ...

Es gibt gute Gründe anzunehmen, dass schon allein die Vorstellung des Ziels eine zielführende Kraft besitzt. Psychologen nennen das Visualisieren. Menschen mit persönlichen Visionen stellen sich das Erwünschte bildlich vor. Sie sehen bereits das erreichte Ziel und wissen schon in dem Moment, dass sie es erreichen werden. Sie sind besessen von Ideen.

NICHTS BEWEGT SIE, WIE EIN ZIEL...!

Menschen mit persönlichen Visionen sind motiviert durch das Ziel, nicht selten aber auch unbewusst durch ihr innewohnendes

TALENT.

Talente drängen zur Erfüllung. Oftmals ist dieser Ehrgeiz durch ein zur Entfaltung drängendes Talent hervorgerufen. Talente mobilisieren Energie. Das Ziel als persönliche Vision fällt auf einen fruchtbaren Boden. Menschen mit Zielen sind Menschen mit Energie. Sie brauchen nicht angestoßen werden, sie bewegen sich von alleine.

Schreiben Sie jetzt die drei Ziele auf, die Sie in Ihrem Leben noch erreichen werden:

1.

2.

3.

COME IN **AND** FIND OUT.

2. ERFOLGSFAKTOREN DER FÜHRUNG MIT ZIELEN

Ich möchte Sie einladen, mit mir eine Reise durch die Welt des Führens, des Führens mit Zielen zu machen. Es soll nichts mit »Theorie« oder »büffeln« oder »da muss man durch« zu tun haben. Vielmehr möchte ich Sie einladen zu experimentieren, auszuprobieren, zu entdecken.

Sie werden sehen, dass Sie durch ein professionelles Zielmanagement die Leistung Ihres Arbeitsbereiches entsprechend verbessern können.

Das Einzige, was Sie dazu brauchen ist Interesse, eine Leidenschaft für die Führung von Menschen und die Zeit, Stück für Stück dieses Buch durchzulesen und die dann gestellten Aufgaben durchzuführen. Das wird Ihnen helfen, in Ihrem Arbeitsbereich oder in Ihrem Unternehmen ein solches Zielsystem einzuführen und zu einem echten lebendigen Instrument Ihrer Personalführung zu machen.

Ich will Ihnen aufzeigen, warum so viele Zielsysteme ein erbärmliches Dasein führen, welche Fehler also immer wieder gemacht werden.

Wir werden die einzelnen Komponenten des Instrumentariums besprechen, die es braucht wenn es funktionieren soll. Ich will Ihnen aufzeigen, wie Sie vorgehen können, wenn Sie ein solches System umfassend in Ihrer Firma einführen möchten, mit Zeitstrahl. Und ich möchte Ihnen zeigen, welche Vorgehensweisen in der Durchführung der Gespräche mit den Mitarbeitern hilfreich sein können und wie Sie mit schwierigen Situationen umgehen können. Das allerwichtigste natürlich auch: Wie man erfolgbringende Ziele formuliert.

**WARUM GING'S SCHIEF,
ES WAR DOCH SO GUT.**

Ohne belehrend wirken zu wollen, möchte ich trotzdem zuerst mit den kritischen Punkten des Zielsystems beginnen. Deshalb, weil sie immer wieder auftreten und weil sie eine erfolgskritische Wirkung haben. Jeder dieser kritischen Punkte kann Ihre noch so gute Absicht zu Fall bringen.

ES WERDEN MICKEY MOUSE-ZIELE VEREINBART, DIE KEINEN ECHTEN ZUGEWINN BEINHALTEN.

Es ist banal, aber an diesem Punkt scheitern die meisten Zielsysteme. Wenn die Ziele in sich keinen Zugewinn
haben, werden sie auch in der Summe keinen Fortschritt
beinhalten. Die Führungskräfte werden in einer Schnell-
Bleiche auf die Anwendung des Systems vorbereitet.

DIE VORBEREITUNG
DER FÜHRUNGSKRÄFTE
AUF DIE ARBEIT
MIT ZIELEN
IST UNZUREICHEND.

Die meisten sind überfordert, keiner darf es jedoch zugeben. Wer zugeben würde, dass er mit der Formulierung der Ziele schon Probleme hat, wäre das ein Zugeständnis von Führungsschwäche. Also tut jeder so als ob man es im Griff hätte. Man versucht eben über die Runden zu kommen. Irgend etwas wird uns schon einfallen. Und so kommt es dazu, dass mit dem Mitarbeiter schwache Ziele vereinbart werden. Ziele die zwar vielleicht schön klingen, aber keinen Fortschritt bringen. »Stellen Sie doch die Arbeit unseres Bereiches den anderen Abteilungen vor« oder »Verbessern Sie doch Ihre Kommunikation«, sind Auswüchse dieser Überforderung. Nehmen Sie an diesem Punkt ernst, dass Ihre Führungskräfte oder Sie selbst Zeit brauchen für die Ziele. Zeit um die entscheidenden Ansatzpunkte zu finden und Zeit, um die Ziele exakt und gut zu formulieren.

Die Ziele müssen, sollen sie einen Wert haben, immer einen qualitativen oder quantitativen Unterschied machen. Nur wenn aus dem Ziel ein »besser« oder »anders« resultiert, wird das System einen Vorteil bringen. Strenggenommen können Sie alle in Ihrem Bereich oder Unternehmen aufgestellten Ziele zusammenzählen und hochrechnen. Dann wissen Sie, was sich in der nächsten Periode geändert haben wird. Vorausgesetzt, dass die Ziele erreicht sind.

Mann kann ein Zielsystem gut in zwei bis drei Monaten einführen. Wir haben in Firmen gearbeitet, die sich 18 Monate Zeit gelassen haben für die Einführung. »Go slow and win« war das Motto. Eines muss sein. Jede Führungskraft muss in der Lage sein, die Ziele, die den Fortschritt bringen, für jeden und mit jedem Mitarbeiter zu formulieren. Geben Sie sich und Ihren Kollegen dafür Zeit und Unterstützung. Es ist wirklich entscheidend.

**BETEILIGEN SIE
ALLE IHRE MITARBEITER,**

**AUCH
WENN ES VIELE SIND.**

Es ist zu verständlich, dass neben den vielen Vorteilen, die ein solches Instrument bringt, ein Nachteil schon sein kann, dass es auch Mitarbeiter gibt die Angst bekommen. Mitarbeiter die befürchten, über den Tisch gezogen zu werden. Auch hier empfehle ich Ihnen lieber etwas mehr Aufwand zu treiben als zu wenig. Bringen Sie alle Ihre Mitarbeiter in die Lage, Ziele zu formulieren.

Je mehr ein Mitarbeiter in der Lage ist, selbst Ziele zu formulieren je höher ist die Wahrscheinlichkeit, dass die Ziele erreicht werden.

Angriff ist die beste Verteidigung. Ermuntern Sie Ihre Mitarbeiter, selbst Ziele zu formulieren. Ermöglichen Sie es, dass Workshops in den Abteilungen durchgeführt werden, in denen die Mitarbeiter Ziele formulieren für die Abteilung und für sich selbst.

Nun fragt sich natürlich mancher,

OB DAS DANN DOCH NICHT ZU VIEL AUFWAND IST.

Ich meine, wenn Ihre Leute sich mit der Entwicklung ihres Arbeitsbereiches und mit der eigenen Entwicklung beschäftigen ist das wertvoll genutzte Arbeitszeit. Wahrscheinlich sollten wir alle mehr davon tun. Auf diesem Wege werden sich Mentalitäten ändern. Durch die Beteiligung, durch das »psychologische Investment« Ihrer Mitarbeiter werden sich Einstellungen ändern von

ICH MUSS HIER BESCHÄFTIGT WERDEN ZU ICH MUSS MICH RENTIEREN.

Was können Sie zusätzlich tun, um die absolut notwendige Qualität der Ziele zu sichern?

Insbesondere in der ersten Runde ist es wichtig, sicherzustellen, dass die Qualität stimmt. Sicherstellen heißt nicht Prinzip Hoffnung. Es gibt dazu zwei Wege. Zum einen geben Sie jedem Ihrer Führungskräfte die Möglichkeit mit einem externen oder internen Berater die Ziele gemeinsam zu formulieren, zumindest für den eigenen Bereich und für einen Mitarbeiter. Zum anderen überprüft eine Projektgruppe die Ziele der einzelnen Vorgesetzten und gibt jeder Führungskraft ein Feedback zu der Qualität der Ziele, gegebenenfalls mit Hinweisen zur Verbesserung der Qualität. Dies wird vielleicht etwas Irritation erzeugen, aber wenn Sie Ihren Leuten sagen, dass es nicht um Kontrolle sondern um Qualität geht, werden sie es schon akzeptieren. Jeder soll als Gewinner aus dem Prozess hervorgehen. Wenn Sie für sich ein Zielsystem einführen wollen, suchen Sie sich einen kritischen Mentor mit dem Sie die Ziele gegenchecken können.

Ein Zielkatalog kann Ihnen helfen, Anregungen für qualitativ hochwertige Ziele zu bekommen. Erstellen Sie einen solchen Zielkatalog unter Zuhilfenahme eines Spezialisten oder Sie schauen sich den Zielkatalog an, den ich ab Seite 92 dieses Buches eingefügt habe. Die meisten dieser Ziele hat meine Kollegin Antje Bach in Projekten mit den Kunden entwickelt.

**ERSPAREN SIE SICH
ABER NICHT SELBST
DAS DENKEN.**

Eine weitere Falle für den Erfolg ist folgendes:

**MIT DEN ZIELEN
WERDEN
AUFGABEN UND
STELLENBESCHREIBUNGEN
PRÄZISIERT.**

Es ist unmöglich, 53 Ziele zu erfüllen. So wird jeder Mitarbeiter überfordert sein und die Chance des Zielsystems, auf den Punkt zu kommen und entscheidende Facetten zu betonen, wird vertan. Verwechseln Sie Ihr Zielsystem nicht mit der Aufgaben- oder Stellenbeschreibung. Oder sehen Sie es nicht als Ersatz dafür. Viele streben nach Vollkommenheit und möchten mit den Zielen alles abbilden, darin liegt genau der Fehler.

Der wesentliche Vorteil im Zielsystem liegt in der Priorisierung von strategischen, operativen oder persönlichen Entwicklungen.

Sehen Sie den Wert des Zielsystems in der Möglichkeit, bestimmte Verhaltensweisen und bestimmte Orientierungen zu bewerten und zu betonen. Sie können mit dem Zielsystem nicht alle erreichen. Sie können betonen und für Ihren Arbeitsbereich oder für den Mitarbeiter wichtige Entwicklung extern favorisieren. In der Beschränkung liegt der Wert. Natürlich ist es hier wichtig, dass Sie selbst die richtige Orientierung haben und geben. Gehen wir zum nächsten Killerpunkt.

ES FEHLT EIN CONTROLLING DER ZIELE IN DER ZUSAMMENFÜHRUNG NACH OBEN.

Ging unser erstes Bestreben in die Sicherstellung der Qualität der Ziele, so geht unser zweites Bestreben in die Ausrichtung der Ziele auf eine gesamtheitliche strategische Orientierung. Das Zielsystem hat eine Form wie eine Vogelschar. Die Ziele dürfen nicht inkongruent, d.h. widerstrebend sein. So wie sie bestimmte Bereiche in der Zielformulierung priorisieren, so brauchen Sie ein Controlling, das Ihnen sicherstellt, dass alles in eine Richtung geht.

Ein weiterer Punkt des Misslingens von Zielsystemen liegt in der mangelnden Fähigkeit, das Zielsystem zu einem positiven Ergebnis zu bringen. Die Angst des Schützen beim Elfmeter ist größer als die des Torwarts.

Die Gespräche werden mit dem besten Willen begonnen, die Stimme des Vorgesetzten ist belegt, der Mitarbeiter hat Befürchtungen, was in dieser Situation von ihm wohl abverlangt wird. Werde ich hier über den Tisch gezogen..., denkt sich mancher und geht schon vorsorglich auf Gegenwehr. Und es eskaliert. Beide wollten das Beste und es geht schief.

Das Erfolgskonzept eines Fernsehmoderators ist, dass er sich vor der Kamera so verhält, wie er sich normalerweise verhält. Nichts gekünsteltes. Alles so wie im Alltag. Das scheint auch das Geheimnis für Zielgespräche zu sein. Je natürlicher Sie dieses Gespräch führen, umso eher werden Sie erfolgreich sein. Davon aber später mehr.

Letzten Endes ist ein weiterer Punkt der für das Misslingen verantwortlich ist, die Tatsache, dass die meisten sich scheuen ernst zu machen mit einem Bonus. Man möchte sich am Ende doch noch alles offen halten. Viele empfehlen auch, einen Anerkennungsbonus zu geben. Zwei- oder Dreitausend Euro dafür, dass die Ziele erreicht wurden. Wenn Sie so vorgehen, gestehen sie sofort zu, dass die Ziele nicht so wichtig sind. Eine kleine Anerkennungs-prämie für einen exzellenten Fortschritt im Wachstum der Firma: Würden Sie sich das bieten lassen? Sie haben einen Super-Job gemacht. Entscheidende Firmen akquiriert oder einen neuen Geschäftszweig aufgebaut. Dafür bekommen Sie eine kleine Prämie.

DANKE FÜR DIE BLUMEN. ODER?

Solche Prämien führen dazu, das Mickey-Mouse-Ziele vereinbart werden. Natürlich werden sie erreicht. Bei 100 Führungskräften führt das zu einer Netto-Gehaltsverteuerung von 250.000 Euro – ohne eigentlichen Effekt. Sie müssen sich ein für alle Mal klar machen, dass ein Zielsystem tatsächlich zur Verbesserung des Leistungsniveaus führen soll. Und dann dürfen Sie keine Kompromisse eingehen.

Viele Vorstände haben Angst Bonus und Ergebnis klar zu koppeln. Sie trauen sich nicht festzulegen, dass ein Mitarbeiter bei entsprechender Leistung sein Gehalt verdoppeln kann. Sie vergessen, dass es hier um Ziele geht, die die Firma voranbringen.

Das System muss wasserdicht sein. Wenn der Mitarbeiter 200 % Gehalt bekommt, muss die Firma einen Vorteil von 800 % haben.

DANN GEHT DIE RECHNUNG AUF.

So kann es sein, dass besonders erfolgreiche Mitarbeiter bei Zielerreichung mehr verdienen als ihre Chefs. Jedenfalls im Jahr der Zielerreichung. Dies bringt ganz exakte Anforderungen an die Ausgestaltung des Zielsystems. Fehler in der Zielformulierung können zu fatalen Folgen führen. Davor haben die meisten Angst. Deshalb geben sie lieber Trostprämien, anstatt die Chance wahrzunehmen, einen entscheidenden Fortschritt zu erreichen.

Es ist ein entscheidender Unterschied: Geben Sie am Anfang der Periode bekannt, was erreicht werden kann. Das wird Ihnen die Motivation entscheidend erhöhen. Positive Überraschungen am Ende der Periode können zwar erfreulich sein, aber: Es ist gelaufen. Man kann hoffen, dass es das nächste Mal wieder so kommt. Aber eben nur

HOFFEN.

Es könnte jetzt bei Ihnen der Eindruck entstehen, dass ich glaube, mit Geld wäre alles zu machen. Und nur mit Geld. Eine rein monetär gestaltete Motivationskultur. Zu meiner Rettung möchte ich nur folgendes anführen. Kein Unternehmer arbeitet nur für die Selbstverwirklichung. Er möchte seine Leistung in Geld vergütet sehen. Geld ist die Zuweisung von materiellem und immateriellem Wert. Und das wird mit dem Zielsystem herabgebrochen auf jeden Mitarbeiter. Die gesicherte Aussicht auf (finanziellen) Erfolg gibt die Basis für den Erfolg.

Erst dann wirken meiner Meinung Faktoren wie spannende Arbeitsbedingungen, herausragende Anforderungen, Begeisterung am Erfolg. Es ist eigentlich nur fair.

WAS KÖNNEN SIE SICH VON EINEM SOLCHEN ZIELSYSTEM VERSPRECHEN?

Mit dem Zielsystem haben Sie ein einzigartiges Instrument zur Steuerung Ihres Unternehmens, Ihrer Abteilung oder Ihres Teams. Sie können damit wie mit keinem anderen System die Kräfte auf die konsequente Realisierung Ihrer Kernaufgabe richten.

Sie erinnern sich, es geht nicht um eine verkappte Stellenbeschreibung, es geht um die Priorisierung. Gleich, ob Sie die Servicequalität entscheidend verbessern, ob sie an der Verbesserung Ihres Marktauftrittes, an der Erhöhung der Attraktivität Ihres Unternehmens oder an dem forcierten Aufbau Ihres Führungskaders arbeiten, mit dem Zielsystem können Sie sicher sein, dass alle Mitarbeiter damit beschäftigt sind, das Unternehmen weiterzuentwickeln. Sie können mit einem System Ihr gesamtes Unternehmen, Ihren gesamten Arbeitsbereich steuern.

Ein Vorstand einer Bank sagte mir: »Vor 25 Jahren hat mein damaliger Chef mir gesagt: Bauen Sie die beste Wertpapierabteilung auf. Das habe ich gemacht. Nichts sonst.« Dieser Satz drückt alles aus. Es geht um die Aktivierung des Wissens, der Ideen und Fähigkeiten der Einzelnen. Um die Entfachung von Initiative.

Es gibt Menschen, die brauchen keine Ziel von außen, sie haben diese von innen. In solchen Fällen ist das Zielsystem nur ein System der Abstimmung.

Iacocca hat eines seiner wichtigsten Führungsprinzipien formuliert. Alle drei Monate stellte er seinen Managern folgende Frage:

WAS GEDENKEN SIE IN DEN NÄCHSTEN DREI MONATEN ZU TUN?

3. NUTZUNG VON ZIELSYSTEMEN

Am Ende geht es mit dem Zielsystem natürlich immer um die Entfachung von Energie. So wie jede gesunde Organisation sich durch die Initiative vieler Mitarbeiter auszeichnet, so ist es der ideale Zustand, wenn die Mitarbeiter ihre Ziele selbst-initiativ formulieren. Auf der einen Seite gibt es die Vision, die Ziele, die Richtung von oben, auf der anderen Seite die Initiative vieler Mitarbeiter. Menschen mit Ideen für die Zukunft.

Kranke Organisationen zeichnen sich dadurch aus, dass die Initiativen versiegt sind. Man macht das, was man muss. Keine Energie, die von innen kommt.

Der größte Nutzen für Sie sollte sein, die Leistungsfähigkeit Ihres Bereiches entscheidend zu verbessern. Mit dem Zielsystem streben Sie an, die Performance mindestens um 10% zu verbessern. Vorausgesetzt Sie bringen heute schon eine exzellente Leistung. In allen anderen Fällen werden Sie die Leistungsfähigkeit um ein Vielfaches erhöhen.

Welchen Nutzen haben Unternehmen vom Führen mit Zielen?

- Konzentration der Energien auf die konsequente Realisierung der Kernaufgabe
- Unterstützung der zielorientierten Steuerung und Vereinfachung der Erfolgskontrolle
- Aktivierung des Wissens, der Ideen und Fähigkeiten der Einzelnen
- Unterstützung der strategischen Personalentwicklung
- Initiierung eines kontinuierlichen Verbesserungsprozesses in dem gesamten Unternehmen

Welchen Nutzen haben Mitarbeiter vom Führen mit Zielen?

- klare Orientierung über Ziele der Bank, des eigenen Bereiches und den persönlichen Beitrag hierzu
- mehr Eigeninitiative und Eigenverantwortung
- öffnet Gestaltungsfreiraum für die eigenen Fähigkeiten
- ermöglicht mehr Transparenz über die gegenseitigen Erwartungen
- Feedback und Beurteilung auf einer nachvollziehbaren Basis
- schafft Raum für persönliche Entwicklungsziele

Für Ihre Mitarbeiter gibt das Zielsystem Orientierung. Es ist viel klarer, in welche Richtung es gehen soll. Es wird und muss von Ihnen eindeutig dokumentiert sein: Es geht um mehr Eigeninitiative und Eigenverantwortung. Wenn es nicht gelingt, gute und wertvolle Ziele zu finden und zu vereinbaren, gibt es keinen Bonus. Es darf nicht allein Ihre Absicht sein, Ziele zu vereinbaren. Ich sage es immer wieder den Mitarbeitern, die skeptisch zu dem System sind und befürchten, »über den Tisch gezogen zu werden«.

Die beste Möglichkeit, mit dem System umzugehen ist es, selbst Ziele zu formulieren, Ziele die einen entscheidenden Fortschritt ermöglichen.

Das Zielsystem eröffnet Gestaltungsfreiraum für die eigenen Fähigkeiten. Sie können dokumentieren, was Ihnen wichtig ist. Es ermöglicht die Überwindung einer falschen Anpassung.

ICH WÜSSTE JA, WIE ES GEHT,

ABER ES HAT MICH JA KEINER GEFRAGT.

Ein Manager sagte mir kürzlich: »Mein Chef hat mit mir Ziele vereinbart, die für mich und meinen Bereich völlig unwichtig sind. Ich könnte mir ganz andere Ansatzpunkte vorstellen, aber das hat ihn nicht interessiert.«

...WECK DEN TIGER IN DIR.

Eine andere Geschichte: Der Personalmanager fragt seinen Vorstand um eine Spende von 500 Euro für eine Hochschule. Dieser rastet aus (»er hatte Schaum in den Mundwinkeln – man hätte ihn als Löschfahrzeug benutzen können«). Nach weiteren durchaus eskalationserhöhenden Versuchen, stimmt er schließlich dem Vorhaben zu und empfiehlt die Einstellungsquote von Trainees aus Hochschulen zu erhöhen. Trauen Sie sich. Für konstruktive Vorschläge kann man sie letzten Endes nicht bestrafen. Lassen Sie sich nicht wie ein Hornochse an der Nase herumführen.

Wie können Sie helfen, das Instrument Zielvereinbarungen zum Erfolg zu bringen?

- Bereiten Sie sich auf das Gespräch gut vor. Formulieren Sie selbst Ziele, die Sie erreichen wollen. Dafür können Sie den Zielkatalog und die Mitarbeiterinformation nutzen.
- Gehen Sie mit einer positiven Haltung in das Gespräch und sprechen Sie Befürchtungen und Skepsis an.

Ein wichtiger Prozess ist die Abgleichung der gegenseitigen Erwartungen. Es gibt Transparenz über die womöglich unterschiedlichen Bedenken, die den Absichten zugemessen werden. Und im Feedback zur Leistung einer Periode, ist zumindest zu den Zielen eine nachvollziehbare Basis geschaffen.

Wenn Sie sich in Ihre Rolle als Chef zurückversetzen, so ermöglicht Ihnen das System eine klarere Bewertung von Leistung durch die klar formulierten Zielkennzeichen.
Sie haben ein Instrument, mit dem Sie Entwicklungen im Verhaltensbereich, also persönliche Entwicklungsziele transportieren können. Denken Sie bitte für einen Moment an Ihre engsten Mitarbeiter und fragen Sie sich:

Angenommen, bei jedem meiner Mitarbeiter wäre eine Verbesserung möglich, was würde ich mir dann wünschen?

Schreiben Sie bitte Ihre Antworten kurz auf.

Mitarbeiter 1:

Mitarbeiter 2:

Mitarbeiter 3:

Mitarbeiter 4:

Mitarbeiter 5:

usw.

Wie viele Ihrer Wünsche liegen im Verhaltensbereich? Was würden Sie drum geben, wenn das verbessert wäre?

Diese Veränderungswünsche werden in aller Regel nicht angesprochen, weil man sich nicht traut. Meist kennen die Mitarbeiter diese Ihre Wahrnehmungen und stille Ärgernisse nicht, zumindest nicht genau.

Das System gibt Ihnen die Möglichkeit, den Anlass und die innere Berechtigung, auch heikle Themen anzusprechen. Die Wahrscheinlichkeit ist groß, über den Transmissionsriemen Ziel- und Bonussystem eine Veränderung zu erlangen.

Die Effizienz wird erhöht im Vergleich zu vielen kurzfristigen Anweisungen. Das was mittelfristig auf die Spur zu bringen ist, haben Sie im grünen Bereich. Es muss nicht immer wieder an alles gedacht und alles neu gecheckt werden. Und natürlich, wir vorher schon angeführt, Sie können die Ideen Ihrer Mitarbeiter viel bewusster in Ihre Vorstellungen miteinbeziehen.

Sie können bewusst helfen, diese allerorts zu findende (Über-) Anpassung abzubauen und sie in Energie verwandeln. Im Zusammenziehen der Ziele der einzelnen Mitarbeiter, können Sie in einer Hochrechnung genau ableiten, was sich in der betrachteten Periode ändern wird oder auch nicht. Die Veränderung wird planbar. Die erforderlichen Ressourcen werden transparenter, eventuelle Über-/Unterbelastungen erkennbar.

Welchen Nutzen haben Führungskräfte vom Führen mit Zielen?

- Erhöhung der Effizienz im Vergleich zu kurzfristigen Einzelanweisungen
- Verbreiterung der Entscheidungsbasis durch Einbeziehung der Sichtweisen der Mitarbeiter
- schafft einen Überblick über die einzelnen Ziele und Prioritäten
- macht erforderliche Ressourcen transparenter und evtl. Über-/oder Unterbelastung erkennbar
- ermöglicht mehr Zeit für qualifizierte Führung im Mitarbeiterbereich
- erleichtert die Bewertung von Leistung durch klare Zielkennzeichen

So führt ein solches Vorgehen zumindest zu einer Systematisierung und Priorisierung der Umsetzung einer Geschäftsstrategie und der Schaffung der dafür notwendigen Voraussetzungen, sowohl bei der Ausgangssituation, den Ressourcen aber auch den persönlichen Anforderungen. Ein weiterer Effekt ist die entstehende Transparenz über Erwartungen und Perspektiven. Wenn Sie ein solches System einführen, werden Sie über vieles sprechen, das vorher diffus und unklar war. Es entsteht eine Feedbackkultur. Eine Kultur, in der der Austausch von Erwartungen und persönlichen Wahrnehmungen und Einschätzungen zum Alltagshandeln wird. Sie werden sehen, dieser Austausch ist eine wichtige Voraussetzung für die Entstehung von Identität. Sie werden damit eine Menge Energie freisetzen, die bislang gebunden ist. Gebunden deshalb, weil diese Unklarheit den Menschen beschäftigt.

Und da sind wir an einem Punkt angelangt, der in vielen Unternehmungen eine entscheidende Engstelle bedeutet. Je weiter man nach oben kommt, um so weniger wissen die Menschen, wie sie gesehen werden und um so größer wird die Distanz, die gegenseitige Zuweisung von Inkompetenz, die Versagung einer Werthaltigkeit. Viele Führungskräfte auf diesen Positionen fühlen sich so austauschbar wie eine Unterhose. Dort werden die größeren Anpassungsleistungen vollbracht. Dort kursiert die Angst am höchsten. Man spricht von der Notwendigkeit einer höheren Selbstverantwortung, von mehr Unternehmertum, von mehr Mut im Management, allein der reale Kontext behindert die Entstehung dieser an sich sehr wichtigen Kompetenzen.

Finden Sie es nicht unerhört, dass wir in sicherlich mehr als drei Viertel aller unserer Großunternehmen solche Zustände haben? Vorstände, die wie Spinnen im Netz sitzen und Führungskräfte, die sich absolut vorsichtig – wie Fliegen im Netz – bewegen, müssen immer mit der Angst, eine noch so kleine unbedachte Bewegung könnte die

Spinne erregen, leben. Und das nachdem wir seit mindestens 30 Jahren den kooperativen Führungsstil einführen. Oben ist das scheinbar noch nicht angekommen.

Wenn durch das Zielsystem in diesem Bereich eine Veränderung entsteht, hätte sich die Einführung schon deshalb sehr gelohnt. Sie sehen das einfache System hat es in sich. Sie können damit vieles verändern, vieles anpacken, vorausgesetzt das System »lebt«.

4. ABLAUF EINES ZIELVEREINBARUNGS-PROZESSES

Entnehmen Sie den Ablauf der nachstehenden Abbildung.

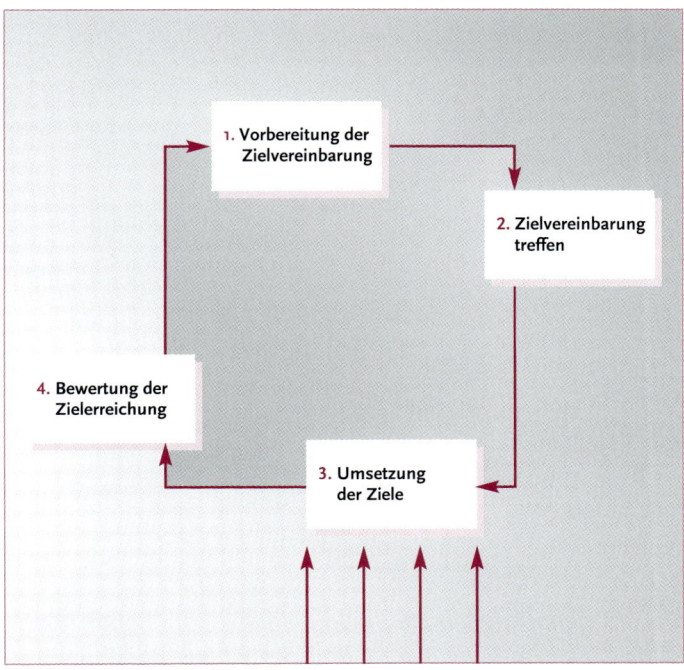

Im Einzelnen gestaltet sich das Vorgehen entlang der vier

Punkte so:

Vorbereitung der Zielvereinbarung

- Mitarbeiter und Führungskraft definieren unabhängig voneinander, welche Ziele sie erreichen wollen.

Zielvereinbarung treffen

- Konsens über die Sichtweisen herstellen,
- einvernehmlich Ziele vereinbaren.

Umsetzung der Ziele

- Regelmäßige Zwischenkontrollen durchführen,
- kontinuierliches Feedback erteilen,
- Unterstützung geben,
- Zielanpassung vornehmen,
- Mitarbeiterentwicklung begleiten (je nach Reifegrad).

Bewertung der Zielerreichung

- Ergebnisse feststellen,
- Zielerreichungsgrad definieren,
- Abweichungsanalyse vornehmen,
- Konsequenzen für die nächste Zielvereinbarung ermitteln.

Ein Amateur-Vorgesetzter formuliert am Anfang des Jahres seine Ziele, am Ende des Jahres kontrolliert er die Zielerreichung und fällt sein Urteil: Erreicht oder nicht erreicht.

Der Profi weiß, dass es mit dem Zielsystem eigentlich nur einen Weg gibt: Der Mitarbeiter muss möglichst seine Ziele erreichen, besser, übertreffen. Also wird er oder sie alles daransetzen, dass die Mitarbeiter ihre Ziele erreichen. Wenn Sie, lieber Leser, ein solches System einführen, verschreiben Sie sich mit Ihrem Blut zum

ERFOLG.

Somit kommt dem Faktor Coaching eine ungeheuere Bedeutung zu. Den Rahmen schaffen, in dem der Erfolg möglich werden kann, Feedback geben zu den erreichten Umsetzungsständen, Feedback geben zu dem beobachteten Erfolgs- oder Misserfolgsverhalten, Anerkennung geben, wo es nur möglich ist und Lösungen generieren, in die Tat bringen.

5. EINORDNUNG DES ZIELSYSTEMS IN EIN LEADERSHIPKONZEPT

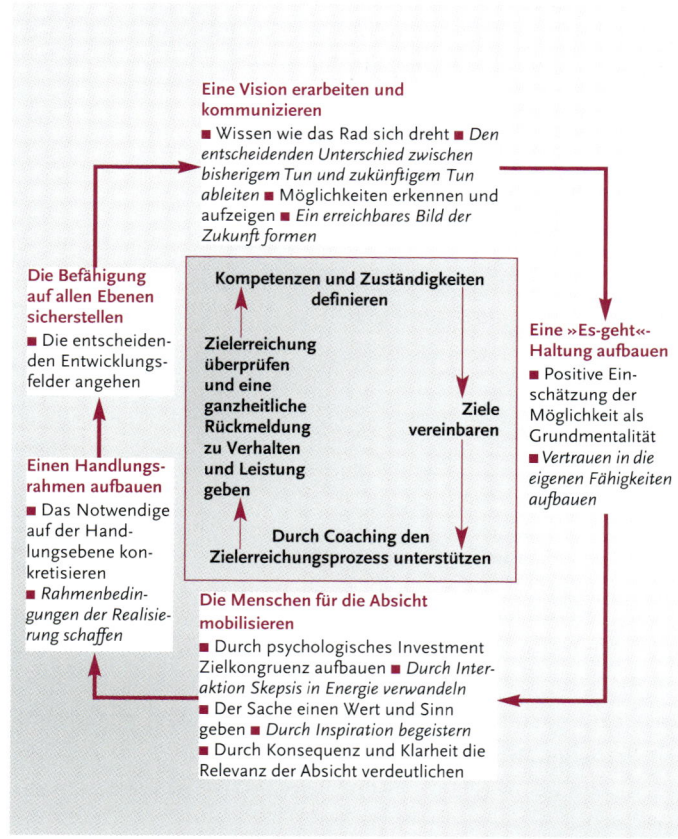

Eine Vision erarbeiten und kommunizieren
■ Wissen wie das Rad sich dreht ■ *Den entscheidenden Unterschied zwischen bisherigem Tun und zukünftigem Tun ableiten* ■ Möglichkeiten erkennen und aufzeigen ■ *Ein erreichbares Bild der Zukunft formen*

Die Befähigung auf allen Ebenen sicherstellen
■ Die entscheidenden Entwicklungsfelder angehen

Kompetenzen und Zuständigkeiten definieren

Zielerreichung überprüfen und eine ganzheitliche Rückmeldung zu Verhalten und Leistung geben

Ziele vereinbaren

Eine »Es-geht«-Haltung aufbauen
■ Positive Einschätzung der Möglichkeit als Grundmentalität
■ *Vertrauen in die eigenen Fähigkeiten aufbauen*

Einen Handlungsrahmen aufbauen
■ Das Notwendige auf der Handlungsebene konkretisieren
■ *Rahmenbedingungen der Realisierung schaffen*

Durch Coaching den Zielerreichungsprozess unterstützen

Die Menschen für die Absicht mobilisieren
■ Durch psychologisches Investment Zielkongruenz aufbauen ■ *Durch Interaktion Skepsis in Energie verwandeln* ■ Der Sache einen Wert und Sinn geben ■ *Durch Inspiration begeistern* ■ Durch Konsequenz und Klarheit die Relevanz der Absicht verdeutlichen

Wenn man Leadership-Verhalten als die Fähigkeit definiert Menschen in Situationen, in denen Veränderung angesagt ist zu führen, dann scheint der dargestellte Kreislauf das Handlungsgerüst darzustellen. Das sind die Handlungsbereiche, die ausgefüllt werden müssen. Es braucht die Kompetenzen, um diese Felder mit Leben zu füllen.

Zuerst muss die Führungskraft/-mannschaft eine Vision erarbeiten und kommunizieren. Dazu muss man den Markt und dessen Wirkkräfte verstehen. Wissen, wie das Rad sich dreht. Die entscheidende Fähigkeit hier ist es, den relevanten Unterschied zu finden. Ein Unterschied, der in der Realisation das Überleben der Organisation sichert, ermöglicht oder verbessert.

Dieser entscheidende Unterschied kann in drei Bereichen liegen:
Erstens in den Ansatzpunkten für die Zukunft. Welche inhaltlichen marktrelevanten Veränderungen sollten wir angehen? Wo liegen die entschiedenen Chancen für das Geschäft? Wo können wir uns positionieren, um einen entscheidenden Fortschritt oder Vorsprung vor der Konkurrenz zu erlangen?
Zweitens in der Definition der Werte. Welche Werte sind handlungsleitend für Ihre Mitarbeiter? Prüfen Sie nun, ob die offiziellen Werte auf den Hochglanzpapieren mit den inoffiziellen Werten – die Sie vorleben – übereinstimmen.

Die Werte in Ihrer Organisation geben eine Art Struktur. Das Handeln wird dadurch entscheidend beeinflusst. Wenn die Werte ambivalent beeinflusst werden, werden Ihre Mitarbeiter unsicher. Es kann so unmöglich eine Identität entstehen.

Beispiel: In einem Industriebetrieb, dessen Produkte an verschiedensten Orten auf der ganzen Welt montiert werden, wurde als oberstes Prinzip die Kundenzufriedenheit propagiert. Allerdings wenn die Projektleiter zum Kunden geschickt wurden, hatten sie meist einen etwas ambivalenten Auftrag: Den Kunden über den Tisch zu ziehen. Die Projektleiter verhalten sich natürlich nach dem eigentlichen Auftrag, aber es entwickelt sich für sie eine unterschwellige Unsicherheit. Bestimmt keine Identität.

Drittens gibt es Unterschiede in der Interpretation der Situation. Das ist eine ganz entscheidende Strategie für die Entwicklung einer Vision. Eine ganz entscheidende Fähigkeit des Leaders: Die Situation möglichkeitsorientiert umzudefinieren. Der Mona-Lisa-Effekt. Dem Gemälde einen Wert geben. Konkret: In einer Bank, die Darlehen für den Aufbau des deutschen Ostens gibt, zeigte sich eine Konstellation, die maßgeblich für die mangelnde Identität, für die eher demotivierte und mutlose Haltung verantwortlich zu sein schien. Die Leistung der Bank wurde von der politischen Instanz nicht gewürdigt. Es kam nur darauf an, ob das Geld ausgegeben wurde (um Wähler zu sichern). Nicht wichtig schien zu sein, welche Projekte mit dem Geld verwirklicht wurden. So gab es sowohl in der Förderung der Wirtschaft wie auch im Wohnungsbau gute Leistungen, die aber letzten Endes durch das vorhandene Bewertungssystem nicht genügend beachtet wurden. Gleichsam fühlte man sich als Instrument des Staates der die Bank offensichtlich nach Gutdünken steuern, lenken und für seine Interessen einsetzen konnte.

Die Aufgabe des Vorstandes dieser Bank war es, eine »Zwischendecke« einzuziehen. Sich selbst zur autarken Bewertungsstation zu etablieren. Was genau heißt: Der Vorstand musste die Situation neu interpretieren und ein Wertsystem einbauen, das vorher nicht vorhanden war. Die wahrhaft vorhandenen Leistungen im Wohnungsbau und in der Wirtschaftsförderung mussten durch eine neue Instanz bewertet werden. Eine ganz entscheidende Leadership-Fähigkeit. Dies ist der Bereich aus dem die Ziele kommen. Hier kommt es darauf an, wie gut Sie Möglichkeiten sehen und Verbindungen aufzeigen können, die sonst keiner sieht.

WIE STEHT ES UM IHRE FÄHIGKEITEN ZUR PERSÖNLICHEN VISION?

Können Sie für Ihr Unternehmen ein erreichbares Bild der Zukunft formen, aus dem exakte Anforderungen und Ziele für das Handeln der Mitarbeiter genau ableitbar sind? Ich meine nicht so hohle Sprüche wie: Wir sind die Besten oder wir werden die Nummer Eins sein.

Wie werden Sie in den nächsten ein bis drei Jahren Ihren Arbeitsbereich positionieren? Es ist nicht die Hauptaufgabe dieses Buches Sie anzuleiten eine Vision zu erarbeiten, aber es ist der eigentliche Ausgangspunkt für die Arbeit mit Zielen. Je besser diese Basis ist, um so besser wird das Ergebnis Ihres Zielmanagements sein.

Dazu ist es wichtig zu schauen, wie es um die »Es geht«-Haltung steht. Wie sehr glauben die Mitarbeiter an die Erreichbarkeit der Vision? Es sollte mit der Zeit ein Glaube an die Möglichkeit der Realisation entstehen. Eine grundsätzliche Mentalität des positiven Denkens.

Achten Sie darauf, wie viel Menschen erklären, warum es nicht geht. Es ist vielleicht nicht einfach diesen Zustand zu ändern, aber es ist absolut wichtig. Mit Appellen erreichen Sie nichts. Es gibt nur eine Strategie. Sich mit den Leuten darüber auseinander zu setzen. Interaktion ist das Geheimnis. Es braucht auch Vertrauen in die eigenen Fähigkeiten. Auch hier werden die Kraft der Vision und erste Erfolge die besten Beschleuniger sein.

Die nächste Schwelle im Veränderungsprozess ist es, die Menschen für die Absichten zu mobilisieren. Dazu können Sie durch Beteiligung an der Umsetzung der Ziele – wie wir es nennen durch psychologisches Investment – Zielkongruenz aufbauen.

Hier geht es um die Fähigkeit, Ziele/Visionen in richtige Bilder zu verwandeln. Und die Ausformulierung und Lösungsfindung gemeinsam mit denen zu machen, die es auch später umsetzen müssen.

Geben Sie der Sache einen Wert und zeigen Sie den Sinn auf. Letzten Endes ist es wichtig, dass Sie durch eine unbeugsame Klarheit und Sicherheit keinen Zweifel aufkommen lassen, dass sie den erwünschten Zustand ohne Abstriche erreichen werden.

Dann gehen Sie daran, den Handlungsrahmen aufzubauen. Jetzt geht es an die Umsetzung der Ziele. Dazu muss das Notwendige auf der Handlungsebene konkretisiert werden. Meint: Es muss auf einer Handlungsebene klar konkretisiert werden, was die Umsetzung der Ziele für jeden einzelnen Mitarbeiter bedeutet. Wenn Sie also in einer Supermarktkette dafür sorgen wollen, dass jeder Kunde zufrieden das Haus verlässt, können Sie als kritische Erfolgsstelle den/die Mann/Frau ab der Kasse anpeilen. An der Kasse muss jeder vorbei. Dort kann jeder Kunde, auch wenn vorher alles schief gelaufen ist, am Ende ein gutes Gefühl bekommen.

OK!

Was sagen Sie jetzt dem Mann/der Frau an der Kasse? Hier braucht es für kritische Situationen vorgestanzte Interventionen. Die Mitarbeiter müssen wissen, mit welchen Aussagen sie kritische Situationen bewältigen können. Das braucht es für die Unterstützung und für die Zielerreichung. Gleichsam müssen die Rahmenbedingungen für die Realisierung der Absicht geschaffen werden. Ein genauer und exakter Plan, wie die Absicht in die Tat kommt.

Dann gehen Sie die entscheidenden Entwicklungsfelder an. Die persönlichen Entwicklungsziele, die persönlichen Entwicklungsfelder stellen sicher, dass alle Mitarbeiter an der Entwicklung ihrer dafür notwendigen Fähigkeiten arbeiten. Die Entwicklung der persönlichen Kompetenz ist ein wichtiger Teil des Zielsystems. Das Zielsystem gibt Ihnen den Anlass und die Berechtigung, persönliches Feedback zu geben und an der persönlichen Entwicklung Ihrer Mitarbeiter zu arbeiten. Vielleicht zum ersten Mal. Vielleicht trauen Sie sich hier das offen anzusprechen, was Ihnen am Herzen liegt. Jetzt denken Sie vielleicht:

DAS MACHE ICH DOCH SOWIESO.

Allerdings. Aus unserer Erfahrung wissen die meisten Mitarbeiter nicht, wie sie von ihren Chefs gesehen werden, geschweige denn, dass sie wissen, an welchen Punkten sie sich entwickeln sollen. Sie wundern sich vielleicht, warum ich mich so lange mit dem Thema aufhalte. Ich möchte Ihnen allein signalisieren, mit Zielen zu arbeiten ist kein mechanischer Akt. Lebendige Ziele zu entwickeln ist nicht Bürokratie. Das Drahtgeflecht Zielsystem kommt nur zum Leben, wenn es mit Verve und Verstand gefüllt wird. Dann lassen Sie uns mal an die Ausgestaltung des Systems gehen.

6. WIE KANN EIN ZIELSYSTEM AUS-GESTALTET WERDEN?

Um nun die vorgenannten Anforderungen zu erfüllen, braucht es einige zentrale Bestandteile des ganzen Systems. Zunächst braucht man Zielkategorien und einen Mechanismus der sicherstellt, dass die Ziele die anfangs geforderte Qualität und Verbesserungskompetenz tatsächlich beinhalten.

MAN KANN HIER VON PAULUS ZU SAULUS WERDEN.

Denn trotz aller qualitativer Ziele müssen Sie sich eines verdeutlichen. Wenn Sie sich entscheiden, für Ziele Boni zu bezahlen, wird sich Ihr Gehaltssystem verteuern. Es ist eine Illusion zu glauben – auch bei flexiblen Gehaltssystemen – dass sich die Summe der Zielunterdeckungen mit den Zielüberdeckungen ausgleicht. Wenn Sie ein Zielsystem einführen, verschreiben Sie sich mit Blut

FÜR DEN ERFOLG.

Die Lösung kann nur heißen, Sie vereinbaren mit Ihren Mitarbeitern Ziele, die das Unternehmen unmittelbar voranbringen. Sie helfen Ihren Mitarbeitern, dass sie ihre Ziele erreichen. Sie zahlen gute Boni für die Zielerreichung. Das Unternehmen hat durch die Zielerreichung einen entscheidenden Fortschritt. Mitarbeiter, die ihre Ziele nicht erreichen, sind frustriert. Vorgesetzte, die beweisen wollen, dass ihre Mitarbeiter vielleicht doch nicht so gut sind wie sie glauben, erreichen am Ende auch nichts. Bestimmt nicht eine Leistungsbewertung.

Deshalb braucht es für die Ziele eine Kategorisierung und eine Differenzierung in Ziele, die bonusrelevant sind und Ziele, die nicht bonusrelevant sind. Es gibt also Zielkategorien die den Bonus auslösen und Zielkategorien, die den Bonus nicht auslösen, aber stabilisieren.

PERFORMANCE-ZIELE
LÖSEN DEN BONUS AUS.

Performance-Ziele stehen unmittelbar mit dem Erfolg Ihrer Unternehmung in Beziehung. Wenn sie zu einem Bonus führen, können Sie, vorausgesetzt Sie haben diese Ziele optimal abgeleitet, an einen Leistungsfortschritt, der sich im Cashflow bemerkbar macht, sicher sein. Wenn Sie das nicht beachten, führt Ihr Zielsystem zu einer Gehaltskontenverbesserung ohne Effekt. Das ist ziemlich brutal, aber wenn Sie es nicht beachten, gibt es früher oder später Schwierigkeiten. Daran scheitern die meisten Systeme. Man glaubt an das Prinzip Hoffnung. Vorstände lassen sich auf das Spiel ein. Wenn die ersten Anzeichen, dass das

NICHTS BRINGT

auftauchen, ziehen sie die Notbremse oder sorgen dafür, dass es langsam zum Erliegen kommt.

Wie Sie aus nachfolgender Abbildung ersehen können, gibt es neben den Performance-Zielen die Progress-Ziele.

Die Zielkategorie	
Performance-Ziele	■ Direkter Bezug zu Leistung und Ertrag
Progress-Ziele/ Strategische Ziele	■ Direkte Unterstützung der Performance-Ziele, Beschleunigungsfaktoren für die Performance-Ziele
Qualitäts-/Service-/ Führungsziele	■ Hoher Beitrag für die mittel- und langfristige Ausgestaltung der Unternehmung (Attraktivität, Sicherstellung des Managementnachwuchses, Vorbereitung auf Fusion)
Persönliche Entwicklungsziele	■ Diese Ziele ermöglichen in der 100%-Erreichung den Bonus. Besonders erfolgsrelevante Ziele können zu einem (Sonder-)bonus führen.

Progress-Ziele sind in Kategorien unterteilt. Die Kategorien werden bestimmt durch die Strategie. Im idealen Fall unterstützen die Progress-Ziele die Performance-Ziele unmittelbar. Sie schaffen die Voraussetzungen die notwendig sind, um die Performance-Ziele zu erreichen. Zum anderen finden sich hier die Ziele, die einen Beitrag für die mittel- und langfristige Ausgestaltung des Unternehmens haben.

Beispielsweise geht es hier um die Entwicklung der Attraktivität der Unternehmung, um die Entwicklung des Managementnachwuchses oder um die Vorbereitung der Mitarbeiter auf eine bevorstehende Fusion.

Diese Ziele ermöglichen in ihrer Erreichung die Bonuszahlung. Sie sind gewissermaßen die notwendige Bedingung für die Auszahlung des Bonus. Werden sie nicht erreicht, mindert sich der Bonus in jedem Fall, im kritischen Fall wird er nicht ausbezahlt. Damit bekommen die qualitativen Ziele eine echte Bedeutung.

Natürlich können Sie solche qualitativen Ziele zu Performance-Zielen »erheben« und damit für bonusauslösend erklären. Das könnte dann der Fall sein, wenn Sie einen hohen Bedarf an Führungskräften, zum Beispiel zur Abdeckung einer Fusion, haben. Dann können solche Ziele kurz- und mittelfristig so wichtig sein, dass sie bonusauslösend gestaltet werden. Aber Sie wissen, es ist dann eine Investition.

In jedem Falle sollten Sie dem Zielsystem eine Struktur geben. Eine Struktur durch Zielkategorien. Ich habe Ihnen im folgenden solche Zielkategorien aufgeführt. Diese Auflistung ist natürlich nicht vollständig, sondern lässt sich erweitern. Besinnen Sie sich aber bitte auf maximal sechs Kategorien, sonst kann nicht mehr genügend priorisiert werden. Inhalt und Anzahl der Kategorien werden von Ihren Absichten und Ihrer Strategie bestimmt.

Also wählen Sie aus oder ergänzen Sie:

Kosten- und Leistungsziel

Diese Ziele orientieren sich in erster Linie auf den operativen Betrieb. Hier geht es um die Erreichung von Kosten- und Leistungszahlen wie Ausrichtung, Fördermittel, Zuwachs an Neuanträgen oder Einhaltung von Budgets.

Strategisches Ziel

Mit strategischen Zielen werden Ziele vereinbart, die insbesondere mit der Gesamtausrichtung des Hauses und mit der Ausrichtung des eigenen Bereichs in Zusammenhang stehen. Es sind Ziele, die mittelfristig den Erfolg des Bereichs oder der Bank sichern.

Service- und Qualitätsziel

Diese Ziele orientieren sich auf den Verhaltensbereich. Kompetenz, Freundlichkeit und die Bereitschaft, höchste Qualitätsmaßstäbe zu entwickeln, sind Inhalt dieser Ziele.

Führungsziel / Kommunikations-Verbesserungsziel

In dieser Kategorie geht es um Ziele, die den Führungsbereich betreffen, es geht um die Verbesserung von Führungsleistung und die Verbesserung von abteilungsübergreifender Kommunikation und Zusammenarbeit.

Persönliches Entwicklungsziel

In diesem Bereich des Zielvereinbarungsprozesses werden
Ziele zur Entwicklung der persönlichen Kompetenz verein-
bart. Darunter fallen sowohl die Arbeit an persönlichen
Entwicklungsfeldern, wie auch die Entwicklung des eigenen
Potenzials.

Innovationsziel

Haben Sie einen hohen zukunftssichernden Beitrag und helfen, rechtzeitig die notwendigen Zukunftsmaßnahmen einzuleiten. Innovationsziele veranlassen die Beteiligen zum
Beispiel neue kundenbezogene Produkte und Leistungen zu
entwickeln, die Entwicklung zum Systemanbieter voranzu-
treiben oder in den wichtigsten fachlichen Disziplinen eine
Spitzenposition im Vergleich zum Wettbewerb zu erreichen.

Struktur- und Prozessziel

Verbessern Sie die Prozesse und Strukturen und damit die
Organisation unseres Unternehmens. Es geht dabei um
die Überarbeitung der Prozesse und Abläufe im eigenen
Arbeitsbereich, die Umsetzung unternehmensweiter Pro-

jekte zur Verbesserung der Struktur und der Prozesse und die laufende Anpassung der Strukturen an die Markt- und Betriebserfordernisse.

Ziele zur Gestaltung der Veränderungskultur

Sie bewirken, dass Einstellungen und Verhaltensweisen entwickelt werden, die für unsere Veränderungsfähigkeit notwendig sind. Sie veranlassen die Beteiligten zum Aufbau eines breiten Bewusstseins für die Veränderungsnotwendigkeit und -fähigkeit, zum partnerschaftlichen Umgang, zur Entwicklung von Selbständigkeit, Mut und Eigenverantwortung, zum offenen, vertrauensvollen Miteinander, zur Entwicklung einer Arbeitskultur in der Feedback und Auseinandersetzung zum normalen Alltagsverhalten gehören.

Operative Ergebnis- und Geschäftsziel

Das heißt, mit bestehenden Potenzialen, Prozessen und Produkten Kostenziele, Ertrags- und Ergebnisziele und Benchmarkziele zu erreichen.

Kooperationsziel

Ziele, die sich auf die direkte Zusammenarbeit zwischen dem Vorgesetzten und dem Mitarbeiter sowie auf die Zusammenarbeit und das Arbeitsklima im Bereich beziehen.

Ideal ist natürlich, wenn die Progressziele unmittelbar mit den Performancezielen in Beziehung stehen. Sie sollten Voraussetzungen und Beschleunigungsfaktoren für die Performanceziele sein. Idealerweise sind sie die Bedingungen für den Erfolg. Je unmittelbarer die Progressziele mit dem Erfolg in Beziehung stehen, desto besser sind sie. Je mehr Sie die Performanceziele in Ihrer Erfüllung durch die Progressziele darstellen können, um so besser haben Sie den ganzen Zusammenhang durchschaut. Das hinter dem Zielsystem stehende Führungsverständnis ist die

WERTERHÖHENDE FÜHRUNG.

Sowohl qualitative wie auch quantitative Ziele stehen mit der Erhöhung des Wertes der Firma in Beziehung. Die Orientierung des Zielmanagers geht auf die Erhöhung des Firmenwertes, den Shareholder-Value. Es ist eine absolut unternehmerische Haltung, die von Ihnen als dem Vorgesetzten eingenommen werden muss. Die Verbindung von akuten Leistungserwartungen mit innovativen Zielen, mit Zielen, die die Führungsqualität entscheidend verbessern oder die Attraktivität des Unternehmens erhöhen. Wer nur Vertriebsziele peitscht, vergisst die Investition in die Zukunft.

FÜR ALLE
DIE NOCH
ETWAS
VORHABEN

Das Zielsystem wird somit für Sie zum idealen Transmissionsriemen für die Ausgestaltung und Entwicklung des Unternehmens in die Zukunft. Damit kommen wir zu der Frage des leistungsabhängigen Bonus und verschiedener Systeme, wie ein Bonussystem das Zielsystem entscheidend unterstützen kann. So lange Sie für die Zielerreichung keinen Bonus bezahlen, ist das System nicht richtig leistungsfähig. Es fehlt die eigentliche wertmäßige Konsequenz. Auf der anderen Seite empfehle ich Ihnen, den Bonus erst einzuführen, wenn Sie und die Führungskräfte mit dem Zielsystem richtig umgehen können. Bezüglich der Ausgestaltung des Bonussystems möchte ich Ihnen folgende Anregung geben.

Wenn Sie das Bonussystem ausgestalten, haben Sie zunächst drei grundsätzliche Möglichkeiten.

- Bonus On-Top, das heißt die Bonus-Zahlungen werden auf ein festes Gehalt zusätzlich bezahlt.

flexibler Bonus

festes Gehalt

Als festes Gehalt nehmen Sie die bisher jährlich bezahlten fixen Bezüge. Dies kann auch durchaus scheinbar flexible Gehaltsbestandteile beinhalten. Zum Beispiel dann, wenn diese Bezüge sowieso bezahlt werden und von den betreffenden als festes Gehalt betrachtet werden.

Ein Bonus wird in diesem Zusammenhang als zusätzliches Einkommen bezahlt. Jede Bonuszahlung führt zu einer Erhöhung Ihres Gehaltsbudgets. Hier kommt der wertorientierten Führung ein besonderer Stellenwert zu.

Machen wir ein Beispiel: Nehmen wir an, ein hochqualifizierter Mitarbeiter einer Bank verdient im Wertpapierbereich heute ein Gehalt von 100.000 Euro. Dieses Gehalt setzt sich zusammen aus Grundgehalt 85.000 Euro und Tantieme 15.000 Euro. Bei besonderem Erfolg erhielt dieser Mitarbeiter einen individuell abgestimmten Betrag von 20.000 Euro. Dieser Betrag wurde vorher nicht vereinbart, sondern im Nachhinein an den Mitarbeiter ausbezahlt, weder vorher bestimmt in Höhe noch in einer persönlichen Zusage.

Wenn Sie nun diesen Betrag als Bonusbetrag nehmen, haben Sie das einfachste Bonussystem realisiert. Der Unterschied von Alt zu Neu besteht bei diesem System nur darin, dass der Bonus in Höhe und Zielanforderung vorher fest vereinbart wird.

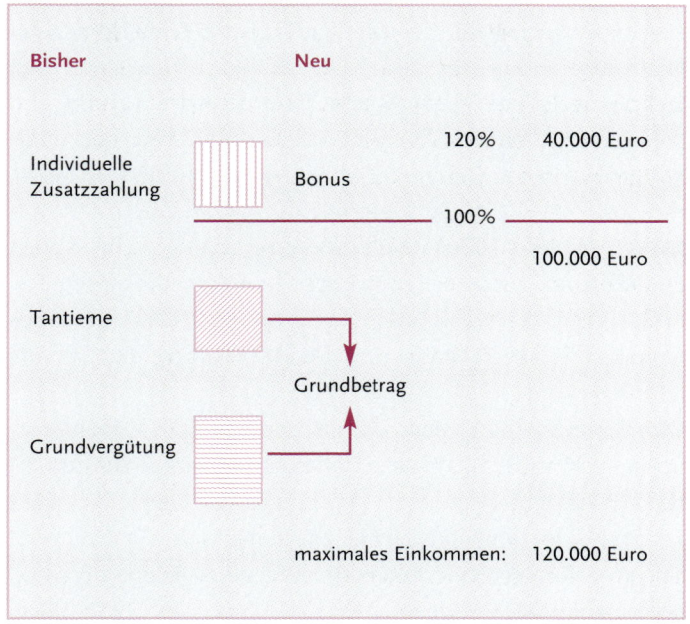

Lassen Sie mich damit kurz zu den Stellschrauben eines Bonussystems kommen. Der Bonus errechnet sich grundsätzlich aus folgenden Komponenten:

■ als vereinbarter maximaler Bonus. Dieser Wert wird individuell festgelegt oder vereinbart. In unserem Beispiel beträgt dieser Faktor 120% oder 20.000 Euro.

Zielerreichungsgrad: Die Maßzahl für die Erreichung oder
Nicht-Erreichung der Ziele. Der Zielerreichungsgrad legt
fest, in welchem Ausmaß die Ziele erreicht werden und
kann sich in dafür festgelegten Korridoren bewegen. Dies
hängt davon ab, welches Zielsystem Sie wählen. In unserem Beispiel würde der Zielerreichungsgrad von 0%–100%
gehen, wobei 100% Zielerreichung dann dem Bonus
20.000 Euro entsprechen würde. In einem flexiblen System könnte der Zielerreichungsgrad die 75%-Marke des
Gehalts, die 100%-Marke und die 200%-Marke des Gehalts
definieren.

Der Zielerreichungsgrad würde dann von 0–1,25 gehen.
Bonuswert wäre 100% des Gehaltes. Bonus = Bonuswert
(0 <–> 1,25).

Stellen wir dieses System als Beispiel einer flexiblen Variante dar, ergibt sich folgendes Bild.

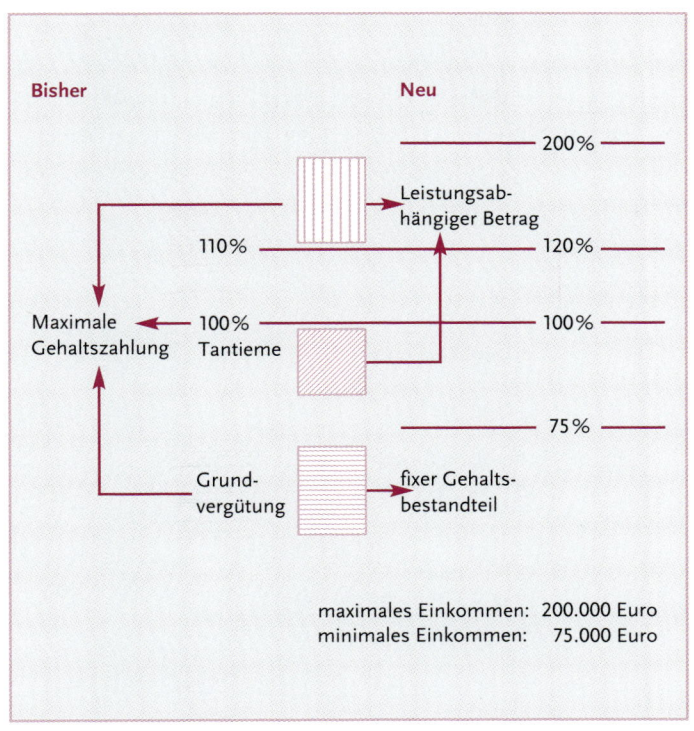

In diesem Beispiel für ein flexibles Gehaltssystem werden hohe Bonusbeträge in Aussicht gestellt. Es müssen hier wirklich unabdingbar die 75%-Marke, die 100%-Marke und die 200%-Marke definiert werden. Dass in diesem System höchste Anforderungen an die Validität des Zielsystems gestellt werden, versteht sich von selbst.

Das dritte System geht von anderen Voraussetzungen aus. Es liegt hier ein Arbeitsfeld vor, das sich grundsätzlich sehr stark an qualitativen Größen wie zum Beispiel Umsatz, messen lässt. Dazu lässt sich folgendes Arrangement ausdenken.

Bonusabhängender
Teil

Umsatzabhängiger
Gehaltsbestandteil

Grundbetrag

In diesem Beispiel hat der Bonus ausschließlich die Sicherstellung der qualitativen Entwicklungen zum Ziel.

BETRIEBLICHER
FAKTOR

Ein wichtiger Zusatzfaktor bei der Bonusfestlegung ist der betriebliche Faktor. Dieser Faktor stellt gewissermaßen einen Korrekturwert für die gesamtbetriebliche Entwicklung dar. Der Wert kann von 0 = schlechtes Ergebnis bis 2,0 = überdurchschnittliches Ergebnis gewählt werden und sollte die Abweichung des betrieblichen Ergebnisses wiederspiegeln. Die Gesamtform würde in diesem Fall für die zweite Variante folgendermaßen aussehen.

Gehalt = Grundgehalt und umsatzanteilige Bezahlung x Bonus
Bonus = Bonuswert x Zielerreichungsgrad x Betriebsleistungs-
    faktor

Vielleicht denken Sie jetzt, dass das alles zu technisch sei. Wird hier nur über den Faktor Geld gesteuert? Dazu muss man sich zwei Leitgedanken deutlich machen.

- Organisationen müssen mit verhaltensbildenden Systemen gemanagt werden.
- Kein System kann eine leistungs- und personenzentrierte Führung ersetzen.

So ist die professionelle Führung die Basis des ganzen Systems.

DIE KUNST,
LEISTUNG UND MENSCHLICHKEIT
ZU VERBINDEN.

Das gesamte System kann wie folgt dargestellt werden:

Mit keinem dieser Systeme können Sie Ihre Führungsarbeit substituieren. Dafür sind sie nicht gedacht und dafür wurden sie nicht entwickelt.

Sie zeigen durch Ihre Führung, dass Ihnen die Ziele und deren Erreichung absolut wichtig sind. Sie zeigen durch Ihre Führung, dass Ihnen die Menschen wichtig sind. Sie zeigen Ihren Führungskräften, durch eine profunde Einführung des Systems, dass Ihnen das gesamte System wichtig ist. Egal, ob Sie oder eine andere Person der Initiator ist,

DIE LEISTUNG MUSS DAHINTERSTEHEN, IMAGE IST NICHTS, DAS ZIEL IST ALLES.

7. ENTWICKLUNG VON ZIELEN: DIE SMART REGEL

Wenn Sie nun exzellente Ziele formulieren wollen, dann sollten Sie sich zwei Dinge klarmachen.
- Aus welchen Quellen lassen sich die Ziele formulieren?
- Wie formuliert man Ziele, die Energie wecken?

Die Quellen der Ziele sind:
- die Strategie/Vision des Unternehmens,
- die Planung des Bereiches/der Abteilung,
- die Aufgabenstellung des Mitarbeiters,
- das Arbeitsverhalten des Mitarbeiters.

Diese Fragen unterstützen Sie bei der Entwicklung der Ziele.

1. Quelle: Unternehmensstrategie
- Welches sind die Unternehmensziele (ausgehend z.B. von der geänderten Vertriebsstruktur, der Qualitätssicherung)?
- Welche Auswirkungen haben die Unternehmensziele auf die Ziele des Teams/des Mitarbeiters?

Ein Beispiel: Durch die Veränderung in der Vertriebsstruktur kommt es in den Filialen zur Bildung neuer Teams. Für die PE könnte sich daraus das Ziel ergeben, entsprechende Teamentwicklungsprozesse zu initiieren.

2. Quelle: Bereichsplanung

▣ Wie werden unsere Bereichsziele von den Unternehmenszielen beeinflusst?

▣ Welche Bereichsziele ergeben sich aus unserer speziellen Funktion?

→ Welche Trends und Entwicklungen wirken auf uns ein?

→ Wo liegen unsere Stärken?

→ Wo liegen unsere Schwächen?

→ Was sind die wichtigsten Zielgruppen in der kommenden Periode? Welche Maßnahmen können wir für diese Zielgruppen planen?

→ Welche Ziele der Qualitätsverbesserung könnten für die nächste Zielperiode formuliert werden?

→ Was ist hinderlich bei der Aufgabenerfüllung?

→ Was fördert uns bei der Erledigung unserer Aufgaben?

Ein Beispiel: Es könnte sich z.B. der Trend abzeichnen, dass immer mehr hochqualifizierte Beraterpositionen zu besetzen sind. Als Bereichsziel der Personalentwicklung könnte sich daraus ergeben, ein entsprechendes Auswahlverfahren zu entwickeln. Für einen bestimmten Mitarbeiter könnte das wiederum heißen, ein Assessmentcenter-Verfahren für Berater zu konzipieren.

3. Quelle: Arbeitsverhalten des Mitarbeiters

▣ Welche persönlichen Ziele könnte sich der Mitarbeiter gesetzt haben? Welche Interessen möchte er in seinem weiteren Berufsleben verwirklichen?

- Wo liegen seine Stärken?
- Wo liegen seine Schwächen?
- Welche Anteile in seinem Verhalten oder seiner Einstellung sollte er verändern? Was sind die für seine Tätigkeit entscheidenden Erfolgspunkte?
- Was müsste der Mitarbeiter als erstes anders machen, damit für alle Beteiligten ein spürbarer Veränderungserfolg eintritt?
- Woran könnte ich bemerken, dass eine Veränderung stattgefunden hat? Was wäre hinterher anders?

Ein Beispiel: Sie könnten beobachtet haben, dass der Mitarbeiter am Telefon zu den Kunden eher kurz angebunden ist. Ein Ziel des Mitarbeiters könnte unter anderem sein, bei den Telefonaten den Namen des Kunden mindestens zwei Mal zu nennen.

4. Quelle: Aufgabenstellung

- Welche Aufgaben hat der Mitarbeiter zu erfüllen?
- Welche Ziele lassen sich daraus ableiten?
- Worauf ist in dieser Zielperiode verstärkt die Aufmerksamkeit zu lenken?
- Welcher Schwerpunkt führt am ehesten zu einem Wertzuwachs?

Ein Beispiel: Sofern zu den Aufgaben des Mitarbeiters die Akquisition von Neukunden gehört, könnte sich ein generelles Ziel auf die quotenmäßige Steigerung des Neukundengeschäfts beziehen.

Aus diesen Quellen leiten Sie entsprechend der festgelegten Kategorie die Ziele für den/die Mitarbeiter/in ab.

Die Ziele an sich sollten ganz bestimmten Anforderungen genügen. Sie sollten aktivieren, herausfordernd aber
nicht überfordernd sein. Gerade Mitarbeiter mit hohem
Potenzial werden an herausfordernden Zielen wachsen
und lernen. Dazu muss zu dem entsprechenden Ziel die
Kompetenz, der Verantwortungsspielraum gegeben sein.
Zuständigkeit und Verantwortung müssen zusammenpas-
sen. Das klingt banal, in der Realität weichen diese beiden
Faktoren oft eklatant voneinander ab. Für das Gelingen
braucht es das

WOLLEN UND KÖNNEN

aber auch das  DÜRFEN.

Ziele müssen Sinn stiften, sie müssen von dem Mitarbeiter als sinnvoll und nutzenstiftend erlebt werden. Oft muss der Sinn durch den Vorgesetzten aufgezeigt werden, der Gesamtzusammenhang, in dem das Ziel steht, muss klar werden. Und das Ziel muss in seiner Wertigkeit betont werden.

Zeigen Sie dem Mitarbeiter auf, wenn er einen Beitrag leistet. Die Ziele müssen realistisch sein. Sie müssen erreichbar sein und dürfen keine Zielkonflikte aufweisen.

Zu hohe Ziele führen dazu, dass entweder Frustration eintritt oder die Energie nachlässt. Auch müssen Sie darauf achten, dass keine Zielkonflikte entstehen. Ziele sollten nicht in Konkurrenz zueinander stehen. Letzten Endes müssen die Ziele von dem Zielinhaber beeinflussbar sein. Wenn es mehrere Personen nur zusammen beeinflussen können, geben Sie allen Beteiligten dasselbe Ziel.

REDUCE TO THE MAX

FORMULIEREN SIE SMARTE ZIELE.

Als Gedankenbrücke hat sich für die Formulierung von Zielen die SMART-Regel bewährt. Was sie bedeutet, finden Sie nachstehend.

S	Simple	➜ Einfache, mit wenigen Worten ausgestaltete Formulierung, leichte Verständlichkeit
M	Messbar	➜ Angabe von Erfolgskriterien Quantitativ, messbare Einheiten: Euro, %, Stck., Quote, Ober- und Untergrenze Qualitativ: z.B. Konzept entwickelt haben, das von allen Empfängern befürwortet wird
A	Als-ob-jetzt, in der Gegenwart formuliert	➜ Das Ergebnis beschreibend; als wenn das Ziel schon heute erreicht ist
R	Realistisch	➜ Nicht über- oder unterfordernd. Wählen Sie positive Formulierung, keine Verneinung (»ich will nicht mehr...«) und ohne Vergleich (»ich will besser als ...«)
T	Terminiert	➜ Angabe des Endtermins, an dem das Ziel erreicht sein soll

Wie Sie bereits wissen, ist die Phase der Zielfindung die entscheidende. Empfehlen Sie Ihren Mitarbeitern, sich gut vorzubereiten. Die beste Vorbereitung für das Zielvereinbarungsgespräch ist eine gute Zielformulierung. Den Ablauf des Prozesses der Zielformulierung finden Sie nachstehend.

Was passiert bei der Zielfindung?

- Ihr Mitarbeiter und Sie bereiten unabhängig voneinander das Zielvereinbarungsgespräch vor.
- Jeder entwickelt eigene Ziele als Ausgangspunkt für die gemeinsame Zielvereinbarung.
- Die Ziele werden im Vorfeld so konkret wie möglich formuliert.
- Sie stellen dem Mitarbeiter die für die Zielfindung notwendigen Informationen zur Verfügung.
- Die beiderseitigen Zielvorstellungen werden in Zweier- oder in Teamgesprächen zu einem Zielentwurf verdichtet.
- Diesen Entwurf stimmen Sie mit Ihrem Vorgesetzten und Ihren Arbeitspartnern beziehungsweise Kontaktstellen ab.
- Auf der Basis des gegebenenfalls geänderten Zielentwurfs kommt es danach zu der endgültigen Zielvereinbarung.

Ich empfehle Ihnen den Zielformulierungsprozess in drei Stufen vorzunehmen. Zuerst formulieren Sie

DAS ZIEL:
WAS WILL ICH ERREICHEN?

Dann formulieren Sie

DIE ZIELKENNZEICHEN:

WORAN ERKENNE ICH,
DASS DAS ZIEL ERREICHT IST?

Dann machen Sie sich Gedanken über

DEN NUTZEN:

WELCHEN BEITRAG
ERBRINGT
DAS ZIEL
HINSICHTLICH
UNSERER
LEISTUNGSFÄHIGKEIT?

89

Die Bewertung des Nutzens müssen Sie nicht in die Zielformulierung übernehmen. Sie dient für Sie selbst, um den Nutzen mit im Kalkül zu haben.

Die nachstehende Abbildung verdeutlicht Ihnen den Zusammenhang.

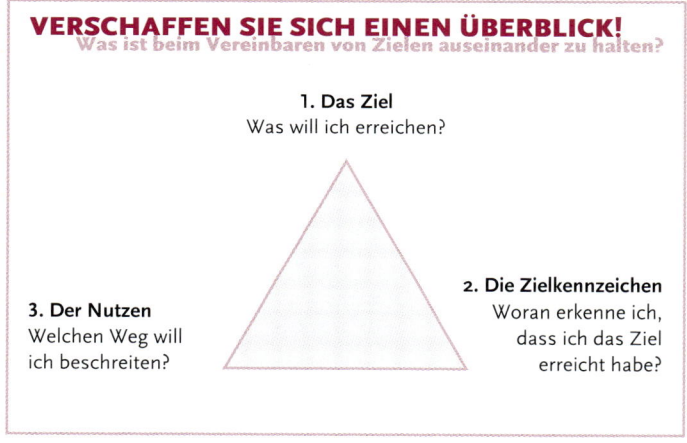

VERSCHAFFEN SIE SICH EINEN ÜBERBLICK!
Was ist beim Vereinbaren von Zielen auseinander zu halten?

1. Das Ziel
Was will ich erreichen?

3. Der Nutzen
Welchen Weg will
ich beschreiten?

2. Die Zielkennzeichen
Woran erkenne ich,
dass ich das Ziel
erreicht habe?

Wie sehen nun solche Ziele aus? Welche Beispiele für gelungene Zielformulierung lassen sich aufzeigen? Ich möchte Ihnen nachstehend einige Beispiele aufzeigen. Beispiele, die nach unserer Anleitung von den betroffenen Führungskräften selbst formuliert wurden, aus den unterschiedlichsten Branchen und in unterschiedlichsten Kategorien.

Ziel Was will ich erreichen?	Zielkennzeichen Woran erkenne ich, dass ich das Ziel erreicht habe?	Zielkategorie
Die Produkt- und Lieferqualität ist optimiert.	Bis zum … sind mit dem Qualitätswesen aussagekräftige Aufzeichnungen vereinbart. An den dann vorliegenden Qualitätsaufzeichnungen ist bis zum 31. Dezember 2001 ein positiver Trend hin zu null Fehlern erkennbar, das heißt, auf jeden Fall unter 1 % im Bereich Elektronik. Die Ausschussquote/Nacharbeit ist von 1 % auf 0,5 % bis zum 31. Dezember 2001 reduziert. Die täglichen Aufzeichnungen zeigen eine Liefertreue > 90 % auf. Die xy-Artikel sind immer verfügbar. Die neue Software Z ist bis … installiert. Die Bestandssicherheit im Lager ist größer 98 %. Dies ist durch gezielte tägliche Inventur sichergestellt.	Kosten- und Leistungsziel

Ziel Was will ich erreichen?	Zielkennzeichen Woran erkenne ich, dass ich das Ziel erreicht habe?	Zielkategorie
Pilotgruppen zur Gruppenarbeit agieren eigenverantwortlich und selbstständig.	Delegation von Aufgaben und Verantwortung ist in die Gruppen und zu den Meistern/Abteilungsleitern hin erfolgt. Die notwendigen Kompetenzen der einzelnen Mitarbeiter sind entwickelt. Entsprechende Maßnahmen sind bis zum 31. Januar 2002 festgelegt. Ab Juli 2002 hat die Pilotgruppe eigenverantwortlich das operative Qualitätsmanagement übernommen und führt Materialdispositionen und -abrufe beim Lieferanten selbst durch. Wareneingangsprüfungen entfallen und werden im Prozess von den einzelnen Gruppen durchgeführt. Die Liefertreue liegt über 90 % und wird ständig verbessert. Die Fehlerstatistik ist nahe null Fehler (exakte Messzahlen vereinbart der Meister in Zielvereinbarungen mit den Gruppen).	Führungsziel/ persönliche Entwicklungsziele

Ziel Was will ich erreichen?	Zielkennzeichen Woran erkenne ich, dass ich das Ziel erreicht habe?	Zielkategorie
Die fraktale Organisation ist in Pilotgruppen erfolgreich umgesetzt.	Die Umsetzung ist bis zum 30. April 2002 erfolgt. Die Pilotgruppen kennen ihre Ziele und sind auf die neue Form der Zusammenarbeit vorbereitet, das heißt, die anfallenden Aufgaben werden nahezu fehlerfrei und selbständig erledigt. Damit gibt es kaum Rückfragen zum Meister (genaue Kennzahlen werden im Rahmen der konkreten Zielvereinbarung zwischen den entsprechenden Meistern und den jeweiligen Pilotgruppen exakt festgelegt). Innerhalb der Fraktalen sind null Fehler zum Kunden nahezu erreicht (genaue Kennzahl wird über die Fehlerstatistik vom jeweiligen Frakta vereinbart). Die Zusammenarbeit mit vor- und nachgelagerten Abteilungen ist optimal. Dies spiegelt sich in einer Ergebnisverbesserung um 10% wieder.	Struktur- und Prozessziel

Ziel Was will ich erreichen?	Zielkennzeichen Woran erkenne ich, dass ich das Ziel erreicht habe?	Zielkategorie
Die »Allgemeine Kreditprüfung« ist als Dienstleister akzeptiert und anerkannt.	Bis zum ...wird eine Erfassung der Anfragezahl durchgeführt. Die Anfragen sind bis März 2002 um X% erhöht. Durch eine Verkürzung der Durchlaufzeiten um 25% steigt die Kundenzufriedenheit an. (X% weniger Anfragen). Bis Dezember 2001 wird eine Kundenbefragung durchgeführt zur konkreten Identifizierung des Kundenbedarfs und als transparente Rückmeldung über die Stärken und Schwächen der »Allgemeinen Kreditprüfung«. Bis Juli 2002 ist ein internes Kundenfeedback mit Abteilung X und Y durchgeführt. Auf Grundlage dieser Rückmeldung werden weitere Maßnahmen zur Verbesserung der Dienstleistungsqualität umgesetzt. Dieses erste Feedback zeigt eine Erhöhung der Kundenzufriedenheit um 60%.	Qualitätsziele

Ziel Was will ich erreichen?	Zielkennzeichen Woran erkenne ich, dass ich das Ziel erreicht habe?	Zielkategorie
Die Kundenorientierung des Personalbereichs ist erhöht.	Bis zum 31. Dezember 2001 ist eine Verbesserung der Arbeitsqualität realisiert. Die Aufträge der internen Kunden sind immer im Gespräch präzisiert. Bedarfsanalysen sind durchgeführt und Maßnahmen sind gemeinsam erarbeitet. Die Kundenzufriedenheit ist erhöht. Ein internes Kundenfeedback ist durchgeführt und 90% der Kunden sind mit der Serviceleistung der Personalabteilung zufrieden. Es gibt regelmäßige monatliche Jour-Fix-Termine mit der zweiten Ebene. Auf Kundenaufträge erfolgt innerhalb von zwei Tagen eine Reaktion. Die Bearbeitungsfehler sind reduziert (entsprechende Kennzeichen sind individuell mit den einzelnen Mitarbeitern vereinbart).	Qualitätsziele

Ziel Was will ich erreichen?	Zielkennzeichen Woran erkenne ich, dass ich das Ziel erreicht habe?	Zielkategorie
Die Bearbeitungsdauer im Bereich xy ist reduziert.	Bis 31. Dezember 2001 sind 80–90% der Anträge nicht älter als zwei Monate. Der Auftragsbestand liegt bei maximal 600 bei einem Antragsalter von zwei Monaten.	Leistungsziel
Das Gehaltsabrechnungsprogramm ist eingeführt und läuft optimal.	Bis März 2002 ist das Gehaltsabrechnungsprogramm eingeführt. Die Gehaltszahlungen erfolgen pünktlich und mit geringer Korrektur, das heißt, die Korrekturen liegen in einer Bandbreite zwischen 1 und 2% (bezogen auf die Gesamtzahl der Mitarbeiter des Unternehmens).	Innovationsziel
Das Personalinformationssystem ist eingeführt.	Bis Mai 2002 ist das Personalinformationssystem funktionsfähig. Jede Anfrage in Bezug auf statistische Auswertungen ist innerhalb zwei Tagen beantwortet.	Qualitätsziel

Ziel Was will ich erreichen?	Zielkennzeichen Woran erkenne ich, dass ich das Ziel erreicht habe?	Zielkategorie
Die Zentrale ist neu organisiert.	Bis zum 30. November 2001 liegt ein Konzept vor, das die Belegung des neuen Gebäudes aufzeigt. Die Gestaltung der Arbeitsplätze (Ausstattung, Klima, etc.) ist transparent. Der Projektplan für die baulichen Maßnahmen und ihre Abwicklung liegt bis zum 31. Dezember 2001 vor. Das Konzept findet die Zustimmung der Betroffenen.	Innovationsziel
Die Revision versteht sich neben ihrer Funktion als Prüfer auch als Berater.	Bis zum 31. März 2002 bieten die Prüfungsberichte neben dem Aufzeigen von Schwachstellen Lösungsmöglichkeiten und Hilfestellungen an, wie mögliche Probleme gelöst werden können (z.B. durch entsprechende Strukturveränderungen). Die Revisionsberichte sind adressatengerecht aufbereitet. Wesentliche Aussagen sind auf der letzten Seite kurz und einfach ausgedrückt zusammengefasst.	Innovations- und Qualitätsziel

Bis zum Oktober 2001
sind gemeinsam mit den
internen Kunden weitere
Maßnahmen zur adressa-
tengerechten Aufarbei-
tung erarbeitet.
Das Kommunikations-
verhalten der Mitarbeiter
in der Schlussbespre-
chung ist durch Lösungs-
orientierung geprägt. Sie
verstehen sich als Partner
der internen Stellen.
Bis Juli 2002 ist ein inter-
nes Feedback durchge-
führt. 80% erleben die
Revision positiv in ihrer
Beraterkompetenz.

8. FORMULIERUNG VON ZIELEN

Jetzt ist es an der Zeit, dass Sie selbst Ziele formulieren. Nehmen Sie einen Ihrer Mitarbeiter als Beispiel. Formulieren Sie jetzt für diesen Mitarbeiter Ziele, echte, konkrete Ziele mit den Zielkennzeichen.

Ziel 1:	Zielkennzeichen	Zielkategorie	
_____ _____ _____ _____ _____ _____	_____ _____ _____ _____ _____ _____		**S** → simpel **M** → messbar **A** → als-ob-jetzt, in der Gegenwart formuliert **R** → realistisch, positiv formuliert **T** → terminiert
Ziel 2:	**Zielkennzeichen**	**Zielkategorie**	
_____ _____ _____ _____ _____ _____	_____ _____ _____ _____ _____ _____		**S** → simpel **M** → messbar **A** → als-ob-jetzt, in der Gegenwart formuliert **R** → realistisch, positiv formuliert **T** → terminiert

Ziel 3:	Zielkennzeichen	Zielkategorie	
——————	——————		**S** → simpel **M** → messbar **A** → als-ob-jetzt, in der Gegenwart formuliert **R** → realistisch, positiv formuliert **T** → terminiert
Ziel 4:	Zielkennzeichen	Zielkategorie	
——————	——————		**S** → simpel **M** → messbar **A** → als-ob-jetzt, in der Gegenwart formuliert **R** → realistisch, positiv formuliert **T** → terminiert
Ziel 5:	Zielkennzeichen	Zielkategorie	
——————	——————		**S** → simpel **M** → messbar **A** → als-ob-jetzt, in der Gegenwart formuliert **R** → realistisch, positiv formuliert **T** → terminiert

Beschreiben Sie jetzt für die fünf Ziele den Nutzen, also den Beitrag für die Leistungsentwicklung Ihres Bereiches.

Ziel	Nutzen
1	
2	
3	
4	
5	

Wenn der Nutzen die heutige Leistung um mindestens 10 % übertrifft oder wichtige Voraussetzungen dafür schafft, liegen Sie ganz gut.

9. ABLAUF UND DURCHFÜHRUNG DES MITARBEITERGESPRÄCHS

Nun zum sicherlich spannendsten Teil des gesamten Prozesses: dem Gespräch. Glauben Sie mir, auch das ist in vieler Hinsicht Handwerkszeug – in weiten Bereichen trainierbar und erlernbar.

DEIN WORT SEI JA, JA, NEIN, NEIN.

Generell ist die Gefahr beim Zielvereinbarungsgespräch, dass aus lauter Vorsicht entweder nichts rauskommt oder die Beteiligten frustriert sind, weil die Stimmung im Gespräch immer schlechter wird.

So sind Zielgespräche grundsätzlich schwierige Gespräche. Die erste Gefahr ist, dass die Beziehung plötzlich sehr förmlich wird. Wo man sonst locker miteinander umgeht, entsteht jetzt plötzlich eine gespannte Atmosphäre.

Der Termin wird speziell anberaumt, die Stimme des Chefs ist nicht belegt.

BLEIBEN SIE,
WIE SIE SIND.

Oft wird empfohlen, eine Gesprächsatmosphäre dadurch zu schaffen, dass nach privaten Vorkommnissen und Konstellationen gefragt wird. »Wie geht es ihrer Frau?« – »Ja, mhmm weiß ich nicht?« – »Ach so, ist etwas besonderes?« – »Nein, aber ich bin seit zwei Jahren geschieden.«

Lassen Sie private oder Wochenendexcursionen sein, wenn Sie das sonst auch nicht tun.

Viele von uns haben es nicht gelernt, offen Feedback zu geben und das in einer Form, in der der andere nicht verletzt wird. Insbesondere in den Zielerreichungsgesprächen, wo über das Ergebnis der Bemühungen gesprochen wird, kann es sehr wohl passieren, dass ein Mitarbeiter persönlich sehr betroffen reagiert, wenn Ziele tatsächlich nicht erreicht werden. Das ist nicht immer so leicht zu erklären. Viele scheuen sich auch davor. Ein solcher Prozess kann Existenzängste auslösen.

Es ist wichtig, sich einen Ablauf für das Gespräch vor Augen zu halten. Oft passiert es, dass das Gespräch aus dem Ruder gerät, weil viel zu viel exponiert wird. Man kommt vom Hundertsten zum Tausendsten. Irgendwo bleibt dann der Karren im Dreck stecken. Deshalb ist es mehr Handwerk als therapeutische Kunst, ein solches Gespräch zu führen.

Nehmen Sie sich grundsätzlich 30 Minuten Zeit für ein solches Gespräch. Am Anfang brauchen Sie vielleicht eine Stunde. Später sollten Sie in einer halben Stunde durch sein. Sie werden sehen, das ist anspruchsvoll.

Das Ziel des Gespräches ist es, die gegenseitigen Erwartungen und Ziele abzugleichen. Zu differenzieren zwischen dem was sein muss und dem, was sein kann. Manche reden 30 Minuten ohne jemals auf das Thema Ziele gekommen zu sein.

Mit dem Gespräch entscheiden Sie, ob das Zielsystem zu einem Instrument eines autoritären Führungsgehabes wird oder zu einer Möglichkeit, vorhandene Energie zu aktivieren und zur Verfügung zu bekommen.

Es geht nicht darum zu überreden, also Zustimmung zu Ihren Zielen allein zu bekommen. Es geht um die Auffindung der Schwerpunkte für diesen Arbeitsbereich in der kommenden Periode.

Ziel ist es, Zielkongruenz herzustellen. Zielkongruenz heißt, dass beide Parteien die Ziele in ihrer Notwendigkeit akzeptieren und den Nutzen sehen, der in den Zielen liegt. Es muss gelingen, ein Jahr lang Überzeugung und Engagement für diese Ziele aufzubauen.

Denken Sie an eine Checkliste mit aufeinander aufbauenden Positionen. Der Ablauf des Gespräches bedient sich genau einer solchen Vorgehensweise.

Die fünf Stufen des Gespräches bauen aufeinander auf. Wenn ich eine Stufe nicht bewältigt habe, werde ich immer wieder auf diese Stufe zurückfallen. Wenn es nicht gelingt Zielkongruenz aufzubauen, wird man immer wieder auf diese Stufen zurückfallen.

Der Ablauf des Zielgespräches orientiert sich an fünf Stufen.

**Zielvorschläge des
Mitarbeiters erfragen**

**Eigene Zielvorschläge
verdeutlichen**

**Zielkongruenz
herstellen**

**Zielkonkretisierung
durchführen**

**Zielumsetzung
besprechen**

Im Einzelnen kann sich der Ablauf an folgendem Vorschlag orientieren.

Inhaltlicher Ablauf	Dazu gehörige Fragen
Eröffnung des Gespräches ▨ Um was geht es heute? ▨ In welchem Stil/Klima möchte ich das Gespräch führen?	▨ Wie ist es Ihnen bei der Erarbeitung der Ziele ergangen?
Zielvorschläge des Mitarbeiters erfragen ▨ Stellen Sie offene Fragen. ▨ Hören Sie aktiv zu (hinhören).	▨ Welche Zielvorschläge haben Sie? ▨ Welche Beweggründe haben Sie für diese Zielvorschläge? ▨ Welche Vorteile/Chancen sehen Sie? ▨ Welche wirkungsvollen Veränderungen werden dadurch initiiert? ▨ Welche Motive gibt es, bestimmte Ziele nicht aufzunehmen?
Eigene Zielvorschläge verdeutlichen ▨ Machen Sie Ihre Erwartungen und Beweggründe deutlich. ▨ Sprechen Sie über Hintergründe.	**Stellen Sie dar:** ▨ Welche Zielvorstellungen Sie haben, ▨ welche Erwartungen Sie an die Mitarbeiter haben, ▨ welche Chancen; Vorteile; Verbesserungen Sie sehen.

Zielkongruenz herstellen

- Falls Sie keine Akzeptanz für Ihre Zielvorschläge finden: Ob und inwiefern sind Sie bereit, Ihre Position zu verändern?
- Würdigen Sie die Argumente Ihres Mitarbeiters?
- Schaffen Sie eine gemeinsame Basis.

- Was kann schlimmstenfalls passieren, wenn wir das in Frage stehende Ziel vereinbaren?
- Was ist zu befürchten?
- Angenommen, wir würden das Ziel vereinbaren, welche Konsequenzen hätte das?
- Unter welchen Bedingungen könnte sich jeder auf das Ziel einlassen?
- Was sollten wir stattdessen vereinbaren?

Zielkonkretisierung durchführen

- Formulieren Sie die Ziele und Zielkennzeichen SMART.

- Woran wollen wir beide erkennen, dass das Ziel erreicht ist?
- Ist das Ziel simpel, messbar, anspruchsvoll, realistisch, terminiert?

Zielumsetzung besprechen

- Der Weg zum Ziel ist grundsätzlich Sache des Mitarbeiters.
- Je nach Entwicklungsgrad erhält er Unterstützung von innen.

- Was planen Sie, um das Ziel zu erreichen?
- Wie gehen Sie vor?
- Wer oder was könnte Ihnen helfen?
- Wer oder was könnte Sie behindern?
- Was hat schon einmal gut funktioniert?
- Was hat nicht funktioniert?
- Was wünschen Sie sich von mir?

Für das Ergebnisgespräches gibt es folgenden Ablaufplan.

1. Bewertung des Zielerreichungsgrades aus Sicht des Mitarbeiters
- Wie ist der Zielerreichungsgrad unter Berücksichtigung der vereinbarten Messkriterien?
- Wo gibt es Zielabweichungen?
- Was ist Ihnen gut gelungen?
- Was ist Ihnen nicht gelungen?

Für die Ergebnisbewertung bilden die vereinbarten Zielkennzeichen die Basis!

2. Bewertung des Zielerreichungsgrades aus Sicht der Führungskraft
- Wie sehe ich den Zielerreichungsgrad?
- Wo sehe ich Zielabweichungen?
- Was lief gut?
- Was lief nicht gut?

3. Abgleich der Einschätzungen
- Was sind die Gründe für eventuelle unterschiedliche Bewertungen?

Lassen Sie sich von einem »Entwicklungsdenken« statt von einem »Sanktionsdenken« leiten!

4. Analyse bei Zielabweichungen
- Was hat die Zielumsetzung gefördert?
- Was hat die Zielerreichung behindert?
- Wie waren die Rahmenbedingungen?
- Welche Unterstützungsmaßnahmen wären notwendig gewesen?

Die Weiterentwicklung des Mitarbeiters steht im Vordergrund – nicht die Schuldigensuche oder Verurteilung von Fehlverhalten!

5. Konsequenzen für die neue Zielperiode
- Welche Konsequenzen ergeben sich für die neue Zielvereinbarung?
- Welche Entwicklungsmaßnahmen bieten sich an?

Es gibt natürlich in jedem Gespräch schwierige Einzelsituationen die Sie meistern müssen. Ich möchte Ihnen nachstehend einige Anregungen für solche Situationen geben. Im Anschluss an diese Anregungen will ich Ihnen das grundsätzliche Handwerkszeug an Gesprächstechniken, das Sie für das Zielgespräch brauchen, aufzeigen.

Wenn	Dann
→ Das Klima schlechter wird und die Situation zu eskalieren droht	→ Angenommen wir diskutieren so weiter, was glauben Sie, wie es enden wird? → Ich empfinde, dass wir zunehmend in eine schlechte Stimmung geraten, was denken Sie? → Darf ich Sie fragen, wie es Ihnen jetzt gerade geht?
→ Der Mitarbeiter ein Ziel nicht akzeptiert, das für Sie unumgänglich ist	→ Ich möchte von diesem Ziel nicht abgehen, obwohl ich Ihre Meinung dazu respektiere und ernst nehme und bitte Sie, das in diesem Fall zu akzeptieren. Lassen Sie uns im nächsten Jahr regelmäßig über die Notwendigkeit und Erreichbarkeit dieses Ziels sprechen.

→ Es Unterschiede bezüglich der Wichtigkeit eines Ziels gibt

→ Es nicht gelingt, karätige Lösungen für persönliche Entwicklungsziele zu finden

→ Es unsicher ist, wie der Mitarbeiter mit dem Gesprächsergebnis umgeht oder was aufgrund des Gespräches passieren wird

→ Die Stimmung am Ende des Gespräches gedrückt ist und Sie das Gefühl haben, dass der Mitarbeiter enttäuscht oder frustriert ist

→ Ich möchte Ihnen an einem Beispiel aufzeigen, warum ich diesen Punkt für wichtig halte... Wie sehen Sie das?

→ Angenommen, Sie hätten das Entwicklungsziel realisiert, was hätten Sie wahrscheinlich unternommen?

→ Wie geht es Ihnen nach diesem Gespräch?
Was folgern Sie aus dem Gespräch?
Welche Wirkung hat dieses Gespräch auf Sie?

→ Welchen Eindruck haben Sie von diesem Gespräch?
Wenn Sie einen Wunsch frei hätten, ...
Angenommen, das Gespräch hat einen positiven Effekt, wie würde dieser aussehen?

10. TRAINING ZUM MITARBEITERGESPRÄCH

Jetzt möchte ich Ihnen eine kurze Trainingssequenz bieten, mit der Sie Ihre kommunikative Kompetenz und Agilität üben und trainieren können. Schreiben Sie zunächst Ihre Reaktion auf und schauen Sie sich dann den Lösungsvorschlag an. Auch hier gilt: Es gibt natürlich viele Wege die nach Rom führen.

Fall 1:
Sie fragen den Mitarbeiter nach seinen Zielvorschlägen für das kommende Jahr. Der Mitarbeiter antwortet: »Ich weiß nicht. Ich habe mir keine Gedanken gemacht, ich hatte keine Zeit dafür.«

Ihre Reaktion:

_____

_____

_____

Mögliche Reaktion:
»Wenn Sie keine Zeit hatten, dann bitte ich Sie den Termin zu verschieben. Bis wann denken Sie, können Sie sich auf unser Gespräch vorbereiten?« Vereinbaren Sie einen kon-

kret neuen Termin! Möglicherweise ist der Mitarbeiter mit der Zielformulierung überfordert. Dann sagen Sie: »Wenn es so sein sollte, dass Sie mit der Formulierung der Ziele überfordert sind, können wir uns auch gerne gemeinsam zusammensetzen und eine erste Formulierung der Ziele vornehmen. Wir können uns danach nochmals treffen, um eine endgültige Formulierung vorzunehmen«.

Fall 2:
Sie fragen, welche Ziele möchten sie im nächsten Jahr umsetzen? »Ich habe keine Vorstellungen«, antwortet der Mitarbeiter.

Ihre Reaktion:

_____

_____

_____

Mögliche Reaktion:
»Wie soll ich mir das erklären, dass Sie keine Vorstellungen haben. Was muss passieren, dass Sie für sich Zielvorschläge entwickeln können?«
Hören Sie aufmerksam zu, was der Mitarbeiter braucht oder welche Ängste er mit der Entwicklung von Zielvorstellungen verbindet. Geben Sie ihm die notwendigen Informationen beziehungsweise machen Sie ihm Mut, Eigeninitiati-

ve zu entwickeln. Vereinbaren Sie einen neuen Termin und bitten Sie den Mitarbeiter, sich auf das Gespräch vorzubereiten. Wenn Sie das Gefühl haben, dass der Mitarbeiter eigentlich überfordert ist, wählen Sie die Reaktion aus Fall 1.

Fall 3:
Der Mitarbeiter erzählt von seinen Zielvorstellungen. Immer wieder bringt er mit leiser Stimme folgende Bemerkungen: »Aber das bringt ja doch alles nichts, hier wird sich nie etwas ändern. Ich weiß gar nicht was das alles soll – glauben Sie, dass sich das Klima bei uns jemals verändert? ...«

Ihre Reaktion:

_____

_____

_____

Mögliche Reaktion:
»Mir fällt auf, dass Sie bei der Schilderung Ihrer Zielvorschläge immer wieder Aussagen treffen wie: Das bringt doch nichts. Dadurch gewinne ich den Eindruck, dass Sie frustriert sind, eventuell auch resignieren. Möchten Sie dazu etwas sagen? und Was können wir Ihrer Meinung nach unternehmen, damit sich etwas ändert?«
»Was muss Ihrer Meinung nach passieren, damit Veränderung möglich ist?.... Was ist Ihr Beitrag dazu?«

Geben Sie Feedback, wenn Ihnen derartige Handlungsmuster auffallen und schaffen Sie gemeinsam eine lösungsorientierte Atmosphäre.

Fall 4:
Der Mitarbeiter hat seine fünf Zielvorschläge erläutert. Sie finden diese Ziele gut und Sie decken sich mit Ihren Vorstellungen.

Ihre Reaktion:

Mögliche Reaktion:
»Ich finde Ihre Zielvorstellungen sehr gut und durchdacht. Aus meiner Sicht können wir gleich zur Konkretisierung übergehen.«
Geben Sie Anerkennung für gute Vorbereitung und gute Ideen. Stellen Sie Ihre Ziele nur noch kurz dar, damit Ihr Mitarbeiter darüber informiert ist.

Fall 5:
Im Verlaufe des Gesprächs entstehen Spannung und aggressive Untertöne: »Was soll das Ganze bringen? Das ist doch nur ein System zur verstärkten Kontrolle«, usw.

Ihre Reaktion:

_____

_____

_____

Mögliche Reaktion:
»Durch Ihre Aussagen wie z.B. ›das ist ein Kontrollsystem‹ gewinne ich den Eindruck, dass Sie dem Thema Zielvereinbarung mit Misstrauen begegnen. Mein Wunsch wäre, dass wir uns darüber unterhalten, wie es gelingt, das Misstrauen gegenüber dem Thema Zielvereinbarung abzubauen. Was denken Sie? Außerdem fände ich es gut, wenn wir zu einer weniger aggressiven Stimmung zurückfinden könnten.«
Geben Sie Feedback aus der Situation heraus und gehen damit auf eine Metaebene. Versuchen Sie die Aggressionen, Ängste, Befürchtungen des Mitarbeiters zu erkennen und zu verstehen, um dann gemeinsam nach lösungsorientierten Möglichkeiten zu suchen.

Fall 6:
Der Mitarbeiter hat seine Zielvorstellungen erläutert. Ein Ziel sehen Sie nicht als so bedeutend an und haben aber die Erwartung, ein Ziel das der Mitarbeiter nicht nannte, mit aufzunehmen. Sie stellen Ihre Sichtweise dar. Daraufhin sagt der Mitarbeiter ruhig: »Na, wenn Sie meinen.«

_____

_____

_____

Mögliche Reaktion:

Was meinen Sie damit genau?

Mir fällt auf, dass Sie sich anscheinend meinem Vorschlag anschließen.

Kann ich Ihre Aussage als Zustimmung werten oder haben Sie jetzt eigentlich nur nachgegeben?

Fordern Sie den Mitarbeiter auf seinen Standpunkt zu erläutern. Es sind seine Ziele.

Fall 7:

Der Mitarbeiter hat ein Ziel nicht aufgenommen, das aus Ihrer Sicht aber unbedingt umgesetzt werden muss. Sie haben kein Spielraum, da es sich hier um ein strategisches Ziel handelt.

Ihre Reaktion:

_____

_____

_____

Mögliche Reaktion:

Ich möchte mit Ihnen über ein weiteres Ziel sprechen das für mich sehr wichtig ist. Ich möchte dafür natürlich Ihre Zustimmung erreichen und auch Ihre Energie, dieses Ziel umzusetzen. Nennen Sie jetzt das Ziel und fragen Sie Ihren Mitarbeiter wie er dazu steht.

Fall 8:

Sie möchten, dass der Mitarbeiter ein persönliches Entwicklungsziel aufnimmt. Ihnen ist mehrfach aufgefallen, dass er in für ihn stressigen Situation die Beherrschung verliert. Wie verdeutlichen Sie Ihre Zielvorstellung?

Ihre Intervention:

_____

_____

_____

Wie ich Ihnen vorher schon aufzeigte, stehen hinter diesen Beispielen ganz bestimmte Techniken. Wir haben über die Jahre an diesen Techniken immer wieder gefeilt und sie auf ein erlernbares Minimum reduziert. Meine Behauptung ist: Mit diesen Techniken bewältigen Sie alle Führungssituationen, nicht nur das Zielgespräch. Und hier ist die einzige Stelle im Buch, wo es mit pauken geht: Lernen Sie bitte diese Techniken auswendig!

Dahinter steht natürlich auch eine gewisse Grundhaltung:

BETRACHTEN SIE FEHLER ALS ANSATZPUNKTE FÜR VERBESSERUNGEN.

Lassen Sie sich von einem Entwicklungs- nicht von einem Sanktionsdenken leiten.

→ Vermeiden Sie Vorwürfe, Verurteilungen. Suchen Sie nach Lösungen.

→ Betrachten Sie Ihre Meinung als verhandelbar.

→ Aber auch wenn Sie von jemandem abrücken müssen, tun sie es!

Wir nennen die Techniken Leadership-Skills, weil sie Handwerkszeug für alle möglichen Führungssituationen sind. Es sind, wie Sie aus nachstehender Abbildung ersehen können, sieben Skills.

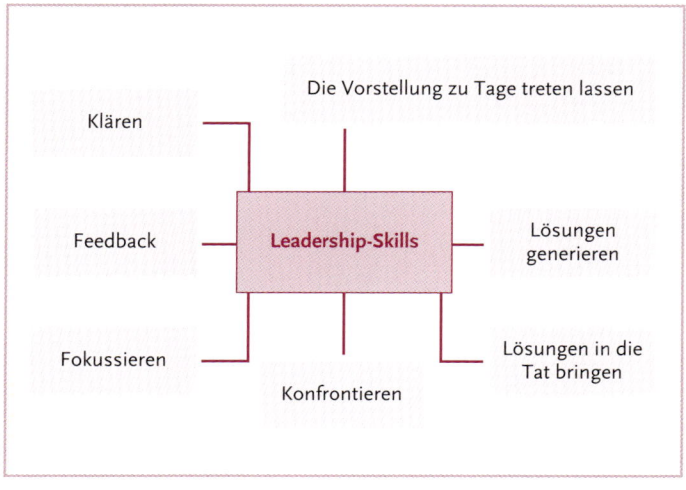

Zu jeder dieser Technik gibt es Fragen oder Aussagen, die auf ein Minimum reduziert sind. Die wichtigste Gesprächstechnik die über allem steht, heißt: zuhören.

Die Vorstellung zu Tage treten lassen
→ Möchten Sie Ihre Sichtweise/Ihren Standpunkt zu der Sache äußern?

Klären
→ Was ist passiert?
→ Wo gab es entscheidende Eskalationspunkte?
→ Was sind Ihre Interessen/Wünsche?
→ Wie geht es Ihnen damit?

Feedback
→ Möchten Sie wissen, wie ich über die Sache denke?
→ Darf ich Ihnen sagen, was mir gerade durch den Kopf geht?

Fokussieren
→ Was meinen Sie genau damit?
→ Welchen Effekt hatte diese Situation/Handlung?

Konfrontieren
→ Ich habe den Eindruck, dass das, was Sie wollen nicht zu dem passt was Sie tun.

Lösungen generieren

➜ Was wäre eine gute Lösung?
➜ Hat es schon einmal funktioniert?
➜ Angenommen das Ziel wäre erreicht, was hätten Sie unternommen?

Lösungen in die Tat bringen

➜ Was genau müssten Sie tun, um die Sache zum Laufen zu bringen?

Alle die noch tiefer in die Leadership-Skills einsteigen wollen, finden in den nachstehenden Abbildungen weitere Informationen, Hintergründe und Vorgehensweisen.

Die Vorstellung zu Tage treten lassen

➜ Den anderen verstehen wollen, sein »Modell der Welt« kennen lernen
➜ Ihn zur Auseinandersetzung mit der Sache anregen

So kann man Vorstellungen zu Tage treten lassen:

■ Sichtweisen erheben:
»Wie denken Sie darüber?«
»Wie erklären Sie sich die Situation?«

■ Emotionen abgleichen:
»Wie geht es Ihnen dabei?«
»Was macht Ihnen zu schaffen?«
»Es könnte sein, dass wir Kunden verlieren!«

■ Wünsche abgleichen:
»Was möchten Sie?«

■ Aktiv zuhören:
»..., mhmm, ja, verstehe, okay,...«

■ Verbalisieren (Aussage/Gefühl widerspiegeln):
»Ich habe den Eindruck, dass Sie über-/unterfordert sind...«
»Ich habe das Gefühl, Sie befürchten jetzt, dass ich...«

Das ist dabei zu beachten:

■ Gleichen Sie Ihre Sichtweisen ab und schaffen Sie Transparenz über Ihre beiderseitigen Wünsche und Absichten.

■ Seien Sie neugierig auf die Vorstellungen des anderen (denn unsere Vorstellungen und Vorannahmen prägen unser Verhalten).

■ Stellen Sie *offene Fragen!*

■ Nur wenn Sie die Welt des anderen kennen, können Sie ihn zu einer Reflexion über seine eigenen Sichtweisen anregen (und damit zu einer Änderung seines Verhaltens).

■ Wer seine Sichtweise ausdrücken darf, fühlt sich verstanden. Über dieses Sich-Verstanden-Fühlen kann eine Offenheit und Bereitschaft für die Veränderung entstehen.

■ *Hören Sie zu!*

■ Wiederholen Sie die Aussagen inhaltlich und spiegeln Sie die Gefühle wider.

Klären

→ Transparenz über die Situation erhalten
→ Unterschiedliche Standpunkte und Interessenlagen
   klären

So kann man Klären:	Das ist dabei zu beachten:
▨ Fragen zur Situation: »Was ist wann passiert?« »Wer war wie beteiligt?« »Was haben Sie bereits unternommen?« ▨ Unterschiedliche Positionen erfragen: »Wie sehen Sie die Situation?« »Wo gab es aus Ihrer Sicht entscheidende Eskalationspunkte?« ▨ Unterschiedliche Interessen herausarbeiten? »Welches Ziel verfolgen Sie damit?« »Was sind Ihre Erwartungen an eine gute Zusammenarbeit?« »Was erwarten Sie jetzt von ...?« »Was ist für Sie besonders wichtig?«	▨ Bevor Sie in noch unklaren Situationen Entscheidungen treffen, versuchen Sie sich ein genaues Bild über die genaue Situation zu machen. ▨ Gehen Sie dazu den Ursachen auf den Grund. ▨ Befragen Sie die Beteiligten und versuchen Sie, die Situation aus den unterschiedlichen Perspektiven zu beleuchten. Bemühen Sie sich dabei um eine wertfreie, offene Einstellung und »Unparteilichkeit«. ▨ Hinter widersprüchlichen (verhärteten) Positionen und Standpunkten stecken immer persönliche Interessen. Diese werden häufig »zurückgehalten«, statt dessen diskutiert man – vermeintlich sachlich – um Positionen. Versuchen Sie deshalb »hinter die Kulissen« zu blicken und die echten Interessen herauszuarbeiten. ▨ Wenn die Situation geklärt ist und die Interessen aller Beteiligten offen auf dem Tisch liegen, lassen sich in der Regel gute (Kompromiss-) Lösungen finden.

Feedback geben

➜ Transparenz über den eigenen Standpunkt/die eigene Sichtweise herstellen

➜ Dem anderen Klarheit über das Fremdbild geben

➜ Eigene Ziele und Wünsche verdeutlichen

So kann Feedback ablaufen:

■ Beschreibung des Sachverhaltes (konkrete Beschreibung)
»Ich habe gesehen, dass ...«
»Ich habe gehört, dass ...«

■ Ausdruck der eigenen Gefühle und der Konsequenzen des Sachverhalts:
»Es hat mich geärgert, dass ...«
»Es hat mich erschreckt, dass ...«
»Es könnte sein, dass wir Kunden verlieren!«

■ Äußerung der eigenen Ziele und Wünsche:
»Ich wünsche mir von Ihnen, dass Sie mehr ... zeigen.«

Das ist dabei zu beachten:

■ Schildern Sie konkret Ihre Beobachtungen, beschreiben Sie das Verhalten des Mitarbeiters.

■ Geben Sie differenziertes Feedback. Das heißt, halten Sie die Waage zwischen positiven und kritischen Rückmeldungen.

■ Verurteilen und bewerten Sie nicht. Das fordert den Mitarbeiter nur zur Rechtfertigung heraus und versperrt den Weg zur Lösung.

■ Beziehen Sie einen klaren Standpunkt, damit Sie und Ihre Ziele für den Mitarbeiter berechenbar sind.

■ Geben Sie dem Mitarbeiter über Transparenz und Offenheit Sicherheit darüber, wo er steht.

■ Bedienen Sie sich des Instruments der Ich-Botschaften. Drücken Sie auch Ihre Gefühle aus.

■ Zeigen Sie dem Mitarbeiter die Konsequenzen seines Verhaltens auf. Das erzeugt Einsicht in die Veränderungsnotwendigkeit.

Fokussieren

→ Kritische Verhaltensweisen »auf den Punkt bringen«
→ Hypothetische Lösungen auf eine konkrete Handlungs-
  ebene bringen
→ Genaue Ziele definieren
→ Auswirkungen sowohl auf Sach- als auf der Beziehungs-
  ebene analysieren

So kann Fokussieren ablaufen:	Das ist dabei zu beachten:
▪ Konkretisieren: »Was meinen Sie genau damit?« »Können Sie ein Beispiel machen?« »Woran könnte man sehen, dass...« ▪ Wirkungen: »Welchen Effekt hatte/hätte das?« »Was ist dann passiert/wird dann passieren?« »Wie haben Sie reagiert/würden Sie reagieren?« ▪ Beziehungen/Beziehungsveränderungen: »Wie hat sich das auf die Beziehung ausgewirkt/wie wird sich das auf die Beziehung auswirken?«	▪ Achten Sie darauf, dass Sie auf einen konkreten Punkt kommen. ▪ Stellen Sie soviel konkretisierende Fragen, bis Sie wirklich sicher sind, dass Sie den Kern der Situation erfasst haben. Daraus lässt sich dann eine neue Zieldefinition ableiten. ▪ Durchdenken Sie gemeinsam mit Ihrem Mitarbeiter hypothetisch gefundene Lösungen auf Ihre Machbarkeit und auf Ihre Auswirkungen. Dies ist wichtig, um mögliche Stolpersteine oder unbeabsichtigte Auswirkungen im Vorfeld zu erkennen und diesen gezielt entgegenzuwirken. ▪ Analysieren Sie gemeinsam mit Ihrem Mitabeiter auch die Auswirkungen im Beziehungsgefüge. Ist diese Lösung tatsächlich der entscheidende Ansatzpunkt oder wer könnte für die Umsetzung der Lösung eher hemmend bzw. fördernd wirken.

Auch hier geht es darum, mögliche Auswirkungen »vorwegzudenken« und so ggf. Kurskorrekturen oder geeignete flankierende Maßnahmen einzuleiten.

- Je besser Sie fokussiert haben, desto größer ist die Wahrscheinlichkeit, dass Ihr Mitarbeiter die vereinbarten Ziele erfolgreich erreichen wird!

Konfrontieren und Fordern

→ Veränderungsbereitschaft erreichen und Konsequenzen bezüglich der Nichtveränderung aufzeigen

→ Blinde Flecken aufzeigen

→ Eigene Ziele und Erwartungen verdeutlichen

So kann man Konfrontieren und Fordern:

- In die Zukunft verlängern:
»Angenommen, wir machen so weiter, wie würde sich das ... auswirken?«
»Angenommen, wir kriegen das nicht in Griff ...«

- Widersprüche aufzeigen:
»Auf der einen Seite möchten Sie Kooperation, auf der anderen Seite greifen Sie mich an ...«
»Einerseits sprechen Sie von Kundenorientierung, andererseits behandeln Sie Ihre Kollegen ...«

- Änderung der Situation einfordern:
»Ich werde nicht zulassen, dass das so weiter geht und erwarte von Ihnen jetzt eine deutliche ...«
»Ich bin mit der momentanen Situation sehr unzufrieden. Ich erwarte, dass wir bis zum Quartalsende eine deutliche Verbesserung erreicht haben werden.«

Das ist dabei zu beachten:

- Konfrontieren und Fordern sind zwei wesentliche Punkte, wenn es darum geht als Führungskraft Durchsetzungsfähigkeit zu demonstrieren.

- Seien Sie fair und berechenbar! Warten Sie mit der Konfrontation nicht zu lange, sondern setzen Sie damit an, sobald Sie erkennen, dass etwas in die falsche Richtung läuft. Ansonsten haben Ihre Mitarbeiter das Gefühl, dass Sie plötzlich, aus heiterem Himmel agieren. Die Mitarbeiter werden Sie als launisch und unberechenbar einstufen.

- Knüpfen Sie an konkreten, gezeigten Verhaltensweisen an und spinnen Sie gemeinsam mit dem Mitarbeiter fort, welche Folgen diese Verhaltensweisen zukünftig haben werden. Damit erreichen Sie »Einsicht« und Überzeugung und brauchen nicht zum Mittel von »Arbeitsanweisungen« greifen.

- Beziehen Sie einen klaren Standpunkt, damit Sie und Ihre Ziele für den Mitarbeiter berechenbar sind. Machen Sie Ihre Erwartungen in einer klaren Sprache unmissverständlich deutlich.

- Seien Sie authentisch und zeigen Sie auch Ihre Gefühle. Bedienen Sie sich dazu des Instruments der *Ich-Botschaften*.

Lösungen generieren

→ Den Blick auf die Lösung richten (weg vom Problem)
→ Die Möglichkeiten, statt die Begrenzungen sehen
→ Die Lösung hypothetisch entstehen lassen

So kann man Lösungen generieren:

■ Lösungsfrage:
»Was wäre eine gute Lösung, um das Ziel zu erreichen?«

■ Ausnahme:
»Hat es schon einmal funktioniert? Was haben Sie damals anders gemacht?«

■ Analyse bisheriger Versuche:
»Was haben Sie schon alles unternommen?«
»Welche unterschiedlichen Ansatzpunkte haben Sie bisher gewählt?«
»Was war bisher am erfolgversprechendsten?«

■ Hypothetische Lösung:
»Angenommen Sie würden ... tun, was wäre anders?«
»Angenommen Sie hätten ... erreicht, was wäre anders?«

Ihr »Königsinstrument« ist der gezielte Einsatz unterschiedlicher Fragearten.

Das ist dabei zu beachten:

■ Lenken Sie den Blick des Mitarbeiters weg vom Problem, hin auf die Lösung. Die Beschäftigung mit dem Problem erzeugt Schuld und Rechtfertigung.
■ Helfen Sie Ihrem Mitarbeiter mit Fragen, die Lösung selbst zu entwickeln. Das fördert die Identifikation des Mitarbeiters mit der Lösung.
■ Der Mitarbeiter ist aus seiner Sach- und Fachkenntnis heraus in der Nähe der Lösung. Er ist am ehesten in der Lage, das Problem zu lösen.
■ Verstehen Sie sich nicht als Lieferant von Lösungen. Halten Sie es aus, im Gespräch nicht immer und sofort Lösungen parat zu haben.
■ Sofern Sie eigene Lösungsvorschläge sehen, bringen Sie diese mit hypothetischen Fragen ins Gespräch ein.
■ Halten Sie die Lösung des Problems für möglich!
■ Sehen Sie die Möglichkeiten (»Wie machen wir es möglich?«) statt die Begrenzungen (»Warum geht es nicht?«). Praktizieren Sie die »Es-geht«-Haltung.

Lösungen in die Tat bringen

→ Die hypothetisch entstandene Lösung auf die Verhaltensebene bringen
→ Die Umsetzung sicherstellen

So kann man die Lösungen in die Tat bringen:	**Das ist dabei zu beachten:**
■ Auf Verhaltensebene bringen: »Was müssten Sie genau tun, um…« »Was müssten Sie genau anders machen, um…« ■ Die Umsetzung planen: »Wie müssten Sie dazu vorgehen?« »Womit müssten Sie beginnen?« »Bis wann könnten Sie eine erste Veränderung erzielen?« »Welche Unterstützung bräuchten Sie dazu und wie könnten Sie sich diese organisieren?« ■ Erfolgscheck vereinbaren. »Wann setzen wir uns noch einmal zusammen und sprechen über die erreichten Veränderungen?«	■ Achten Sie darauf, dass die skizzierten Lösungen in klare, handhabbare Verhaltensanweisungen und Aktivitäten übersetzt werden. ■ Fragen Sie sich immer, was ist genau zu tun, um das gewünschte Ziel zu erreichen. ■ Vereinbaren Sie verbindliche Aufgaben. Am besten, Sie vereinbaren gleich einen Termin zum gemeinsamen »Erfolgscheck«, dann lassen Sie an der Ernsthaftigkeit und Verbindlichkeit keinen Zweifel aufkommen. ■ Stellen Sie sicher, dass der Mitarbeiter auch über die notwendigen Kenntnisse und Fertigkeiten verfügt, um die Aufgabe entsprechend zu bewältigen.

Fragearten

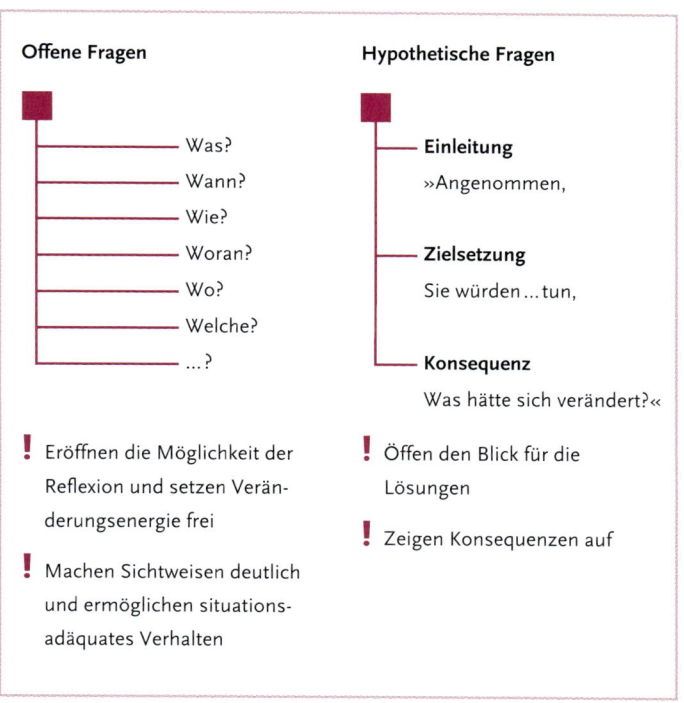

Offene Fragen

- Was?
- Wann?
- Wie?
- Woran?
- Wo?
- Welche?
- ...?

! Eröffnen die Möglichkeit der Reflexion und setzen Veränderungsenergie frei

! Machen Sichtweisen deutlich und ermöglichen situationsadäquates Verhalten

Hypothetische Fragen

Einleitung
»Angenommen,

Zielsetzung
Sie würden...tun,

Konsequenz
Was hätte sich verändert?«

! Öffen den Blick für die Lösungen

! Zeigen Konsequenzen auf

11. EINFÜHRUNG EINES ZIELSYSTEMS

Nach so viel Kommunikation wollen wir uns jetzt der Frage zuwenden, wie Sie ein solches System einführen können, in einem Unternehmen oder in einem spezifischen Arbeitsbereich. Ich möchte Ihnen empfehlen, das Zielsystem nicht schleichend einzuführen, sondern sofort ganze Sache zu machen.

KLOTZEN

NICHT KLECKERN.

Der Funke muss überspringen. Ich möchte Ihnen beispielhaft darstellen, wie wir in einem Unternehmen das System schlank aber deutlich einführten. Nicht zu viel und nicht zu wenig. Damit Sie das genau nachvollziehen können, will ich Ihnen die Einführung in ihrem Ablauf ganz genau schildern.

Vor der Einführung müssen folgende Rahmenbedingungen geklärt sein.

! Leistungsentwicklungen aus dem Zielsystem müssen oben eingeklagt werden.

! Die Führungskräfte brauchen eine Unterstützung in der Evaluierung von hochwertigen Zielen/Coaching für die erste Runde, CD-Rom mit Zielkatalog, Handling Entwicklungsfelder, Dramaturgien für Zielworkshop.

! Die Einführung des Zielsystems muss hinsichtlich des Erfolgsgrades gemessen werden.

Außerdem sollten Sie sich ziemlich klar sein über Ihre eigenen strategischen Absichten. Da wo es hingehen soll mit dem Unternehmen oder eben mit Ihrer Abteilung. Daraus können dann die Einzelziele abgeleitet werden. Ziele für die Abteilungen oder Gruppen, Ziele für einen Mitarbeiter.

GUT DRIN
GUT DRAN
GUT DRAUF.

Wenn Sie das Zielsystem im ganzen Unternehmen einführen wollen, ist es zweckmäßig, mit einem externen Berater zusammen zu arbeiten (dabei denke ich durchaus an uns) oder in jedem Fall eine interne Person oder Projektgruppe zu bestimmen, die sich dann besonders intensiv in die Materie einarbeiten muss.

Diese Projektgruppe hat den Auftrag, das System zu konfigurieren. Im Einzelnen bedeutet dies:

→ Entwicklung der Zielkategorien
→ Aufbau des Zielkataloges
→ Entwicklung der Vorgesetzen
→ Mitarbeiter-Information

Außerdem obliegt dieser Gruppe die Gesamtsteuerung des Prozesses und die Messung des Erfolges. Diese Gruppe muss sich zu einem Expertenteam für Ziele und Zielmanagement entwickeln.

Der Ablauf ist auf nachstehender Abbildung aufgezeigt.

Ablauf der Einführung

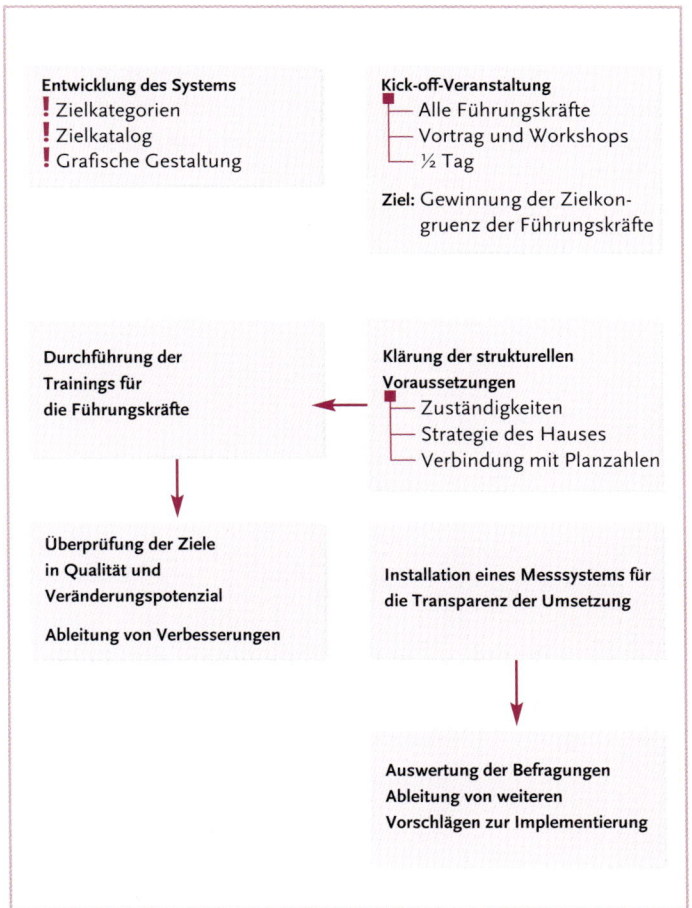

Entwicklung des Systems
! Zielkategorien
! Zielkatalog
! Grafische Gestaltung

Kick-off-Veranstaltung
— Alle Führungskräfte
— Vortrag und Workshops
— ½ Tag

Ziel: Gewinnung der Zielkongruenz der Führungskräfte

**Durchführung der
Trainings für
die Führungskräfte**

**Klärung der strukturellen
Voraussetzungen**
— Zuständigkeiten
— Strategie des Hauses
— Verbindung mit Planzahlen

Überprüfung der Ziele
in Qualität und
Veränderungspotenzial

Ableitung von Verbesserungen

**Installation eines Messsystems für
die Transparenz der Umsetzung**

**Auswertung der Befragungen
Ableitung von weiteren
Vorschlägen zur Implementierung**

Starten wir bei der Einführung für die Führungskräfte. Hierzu empfehle ich Ihnen die Durchführung eines Kick-off-Meetings. Das heißt: Sie rufen alle Führungskräfte Ihres Hauses für eine Tagesveranstaltung zusammen. Das können Sie im eigenen Hause oder in einem Hotel durchführen. Wichtig ist, dass Sie alle zusammenrufen. Alle an einen Ort.

Ich möchte Ihnen jetzt aufzeigen, wie Sie das Meeting inhaltlich und dramaturgisch durchführen.

Ablauf des Kick-off-Meetings

10.00 Uhr	Vortrag des Leiters: → Was ist unsere Strategie und warum wollen wir ein Zielsystem einführen (dazu können Sie aus den ersten Kapiteln viele Anregungen entnehmen).
10.30 Uhr	Informationen zum Zielsystem (vergleichen Sie hierzu den Folienvortrag 1).
11.15–11.30 Uhr	Pause
11.30–13.00 Uhr	Workshop I: So formuliert man Ziele.
13.00–14.00 Uhr	Mittagspause
14.00–16.00 Uhr	Workshop II: So führen Sie Zielvereinbarungsgespräche. Präsentation der Highlights aus den Workshops.
16.00–17.00 Uhr	Abschluss der Tagung.

Die inhaltlichen Teile für den Vortrag, Informationen zum Zielsystem sowie die Folienvorträge für die beiden Workshops finden Sie im Anschluss.

FOLIENVORTRAG:

Inhaltlicher Input zum Zielsystem

Folie 1

> Nichts bewegt Sie
> wie ein ... Ziel.

Folie 2

> Durch das Zielsystem
> soll eine Konzentration
> der Kräfte auf
> strategisch relevante
> Veränderungen
> erfolgen.

Folie 3

> Organisationen
> müssen mit
> verhaltensleitenden
> Systemen gemanagt
> werden.

Folie 4

Vor welchen Fehlverläufen muss man sich schützen:

! Es werden Mickey-Mouse-Ziele vereinbart, die eigentlich nichts bringen.

! Die Zielvereinbarungsgespräche verlaufen eher negativ und enttäuschend für alle Beteiligten.

! Ziele werden nicht priorisiert. Es wird eine Art Stellenbeschreibung aufgebaut.

! Durch die mangelnde Koppelung an den Unternehmenserfolg wird das Instrument immer bedeutungsloser.

! Eine rein quantitative Vorgehensweise führt zu keinem eigentlichen Fortschritt. Dieser Teil ist in den meisten Firmen bereits realisiert.

! Eine halbherzige Einführung und Begleitung mit mangelnder Bedeutungszumessung von oben, lässt die Absicht im Sande verlaufen.

Folie 5

Strategisches Ziel

Mit strategischen Zielen werden Ziele vereinbart, die insbesondere mit der Gesamtausrichtung des Hauses und mit der Ausrichtung des eigenen Bereichs in Zusammenhang stehen. Es sind Ziele, die mittelfristig den Erfolg des Bereichs oder des Unternehmens sichern.

143

Folie 6

Kosten- und Leistungsziel

Diese Ziele orientieren sich in erster Linie auf den operativen Betrieb. Hier geht es um die Erreichung von Kosten- und Leistungszahlen.

Folie 7

Service- und Qualitätsziel

Diese Ziele orientieren sich mehr auf den Verhaltensbereich. Kompetenz und Freundlichkeit und die Bereitschaft, höchste Qualitätsmaßstäbe zu entwickeln, sind Inhalt dieser Ziele.

Folie 8

Führungsziel / Kommunikations-Verbesserungsziel

In dieser Kategorie geht es um Ziele, die den Führungsbereich betreffen, es geht um die Verbesserung von Führungsleistung und die Verbesserung von abteilungsübergreifender Kommunikation und Zusammenarbeit.

Folie 9

Persönliches Entwicklungsziel

In diesem Bereich des Zielvereinbarungsprozesses werden Ziele zur Entwicklung der persönlichen Kompetenz vereinbart. Darunter fallen sowohl die Arbeit an persönlichen Entwicklungsfeldern wie auch die Entwicklung des eigenen Potenzials.

Folie 10

Welche Rahmenbedingungen müssen erfüllt sein?

! Leistungsentwicklungen aus dem Zielsystem müssen oben eingeklagt werden.

! Die Führungskräfte brauchen eine Unterstützung in der Evaluierung von hochwertigen Zielen/Coaching für die erste Runde, CD-Rom mit Zielkatalog, Handling Entwicklungsfelder, Dramaturgien für Zielworkshop.

! Die Einführung des Zielsystems muss hinsichtlich des Erfolgsgrades gemessen werden.

Folie 11

Welchen Nutzen haben Führungskräfte vom Führen mit Zielen?

■ Erhöhung der Effizienz im Vergleich zu kurzfristigen Einzelanweisungen.

■ Verbreiterung der Entscheidungsbasis durch Einbeziehung der Sichtweisen der Mitarbeiter.

■ Schafft einen Überblick über die einzelnen Ziele und Prioritäten.

■ Macht erforderliche Ressourcen transparenter und evtl. Über-/ oder Unterbelastung erkennbar.

■ Ermöglicht mehr Zeit für qualifizierte Führung im Mitarbeiterbereich.

■ Erleichtert die Bewertung von Leistung durch klare Zielkennzeichen.

Folie 12

Welchen Nutzen haben Mitarbeiter vom Führen mit Zielen?

- Klare Orientierung über Ziele der Bank, des eigenen Bereiches und den persönlichen Beitrag hierzu
- Mehr Eigeninitiative und Eigenverantwortung
- Öffnet Gestaltungsfreiraum für die eigenen Fähigkeiten
- Ermöglicht mehr Transparenz über die gegenseitigen Erwartungen
- Feedback und Beurteilung auf einer nachvollziehbaren Basis
- Schafft Raum für persönliche Entwicklungsziele

Folie 13

Welchen Nutzen haben Unternehmen vom Führen mit Zielen?

- Konzentration der Energien auf die konsequente Realisierung der Kernaufgabe
- Unterstützung der zielorientierten Steuerung und Vereinfachung der Erfolgskontrolle
- Aktivierung des Wissens, der Ideen und Fähigkeiten des Einzelnen
- Unterstützung der strategischen Personalentwicklung
- Initiierung eines kontinuierlichen Verbesserungsprozesses in dem gesamten Unternehmen

Die Zielkategorie

Performance-Ziele	▓ Direkter Bezug zu Leistung und Ertrag
Progress-Ziele/ Strategische Ziele	▓ Direkte Unterstützung der Performance-Ziele, Beschleunigungsfaktoren für die Performance-Ziele
Qualitäts-/Service-/ Führungsziele	▓ Hoher Beitrag für die mittel- und langfristige Ausgestaltung der Unternehmung (Attraktivität, Sicherstellung des Managementnachwuchses, Vorbereitung auf Fusion)
Persönliche Entwicklungsziele	▓ Diese Ziele ermöglichen in der 100%-Erreichung den Bonus. Besonders erfolgsrelevante Ziele können zu einem (Sonder-)bonus führen.

Folie 15

Welche Implikationen ergehen an ein Zielsystem?

! Die bonusbegründenden Ziele müssen unmittelbar ertragswirksam sein. Sie sind dann bonusrelevant, wenn sie die definierte 100%-Marke überschreiten.

! Qualitative Ziele müssen unmittelbar Ertragsziele in der Zielerreichung unterstützen.

! Qualitative Ziele dürfen Ertragsziele nicht aushebeln.

EINORDNUNG DES ZIELSYSTEMS IN EIN LEADERSHIPKONZEPT

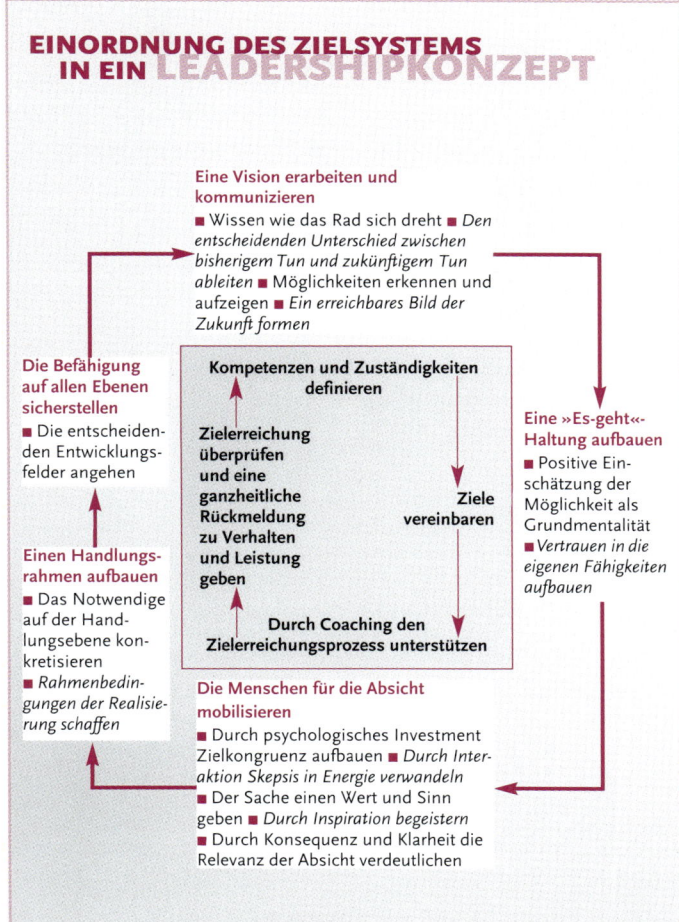

Eine Vision erarbeiten und kommunizieren
■ Wissen wie das Rad sich dreht ■ *Den entscheidenden Unterschied zwischen bisherigem Tun und zukünftigem Tun ableiten* ■ Möglichkeiten erkennen und aufzeigen ■ *Ein erreichbares Bild der Zukunft formen*

Die Befähigung auf allen Ebenen sicherstellen
■ Die entscheidenden Entwicklungsfelder angehen

Einen Handlungsrahmen aufbauen
■ Das Notwendige auf der Handlungsebene konkretisieren ■ *Rahmenbedingungen der Realisierung schaffen*

Kompetenzen und Zuständigkeiten definieren

Zielerreichung überprüfen und eine ganzheitliche Rückmeldung zu Verhalten und Leistung geben

Ziele vereinbaren

Durch Coaching den Zielerreichungsprozess unterstützen

Eine »Es-geht«-Haltung aufbauen
■ Positive Einschätzung der Möglichkeit als Grundmentalität ■ *Vertrauen in die eigenen Fähigkeiten aufbauen*

Die Menschen für die Absicht mobilisieren
■ Durch psychologisches Investment Zielkongruenz aufbauen ■ *Durch Interaktion Skepsis in Energie verwandeln* ■ Der Sache einen Wert und Sinn geben ■ *Durch Inspiration begeistern* ■ Durch Konsequenz und Klarheit die Relevanz der Absicht verdeutlichen

149

Folie 17

ABLAUF DER EINFÜHRUNG

1. Information der Führungskräfte

2. Information der Mitarbeiter ◄——

3. Training der Vorgesetzten
   (Zielformulierung, Gesprächs-
   führung)

Aufbau des Systems
(Zielkatalog, Ziel-
kategorien,
Vorgesetzteninfor-
mation, Mitarbeiter-
information)

4. Teamzirkel zur Erarbeitung
   der Abteilungsziele

5. Durchführung der ersten
   Runde für Zielvereinbarungsgespräche

6. Ermittlung der Umsetzungs-
   stunden durch Monitor
   (mindestens zweimalige
   Durchführung)

Eine Pilotgruppe
wird mit Bonus-
system sofort
gestartet und für
ein Jahr begleitet

7. Überprüfung der Zielerreichung / Zusammenfassung
   der Ergebnisse für das
   gesamte Unternehmen

Folie 18

NICHTS IST STÄRKER ALS EINE IDEE, DEREN ZEIT GEKOMMEN IST.

Victor Hugo

FOLIEN FÜR WORKSHOP I:

Folie 19

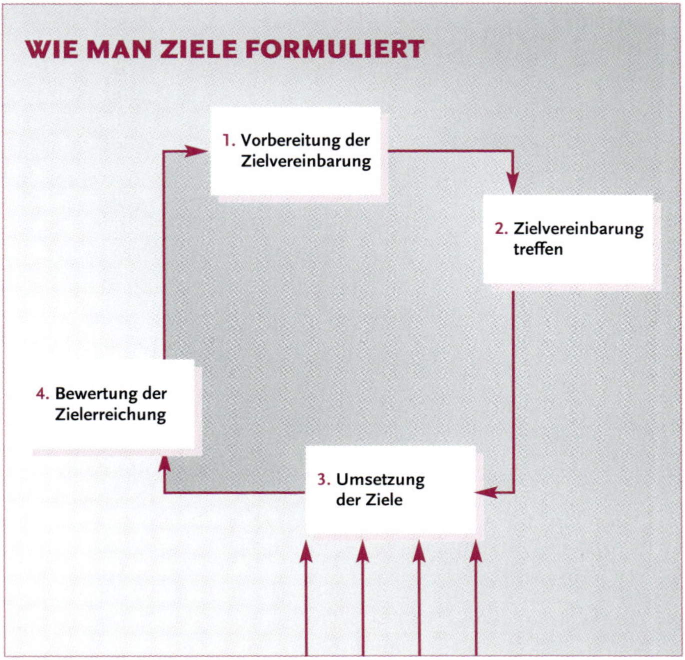
WIE MAN ZIELE FORMULIERT
1. Vorbereitung der Zielvereinbarung
2. Zielvereinbarung treffen
3. Umsetzung der Ziele
4. Bewertung der Zielerreichung

Folie 20

DIE TEILSCHRITTE DIESES PROZESSES
GESTALTEN SICH FOLGENDERMAßEN:

Vorbereitung der Zielvereinbarung	Zielvereinbarung treffen	Umsetzung der Ziele	Bewertung der Zielerreichung
▪ Mitarbeiter und Führungskraft definieren unabhängig voneinander, welche Ziele sie erreichen wollen	▪ Konsens über die Sichtwesen herstellen ▪ Einvernehmlich Ziele vereinbaren	▪ Regelmäßige Zwischenkontrollen durchführen ▪ Kontinuierliches Feedback erteilen ▪ Unterstützung geben ▪ Zielanpassung vornehmen ▪ Mitarbeiterentwicklung begleiten (je nach Reifegrad)	▪ Ergebnisse feststellen ▪ Zielerreichungsgrad definieren ▪ Abweichungsanalyse vornehmen ▪ Konsequenzen für die nächste Zielvereinbarung ermitteln

Folie 21

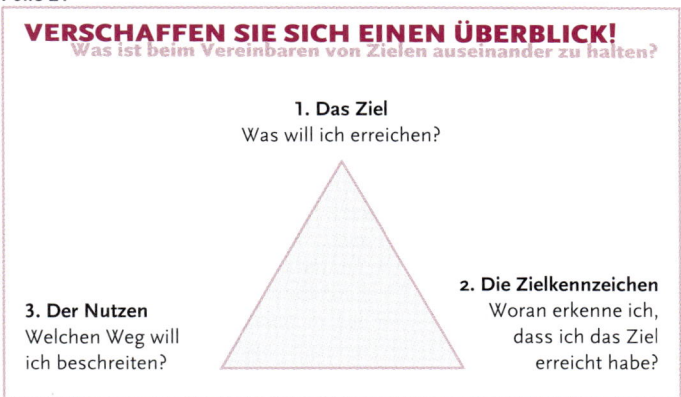

VERSCHAFFEN SIE SICH EINEN ÜBERBLICK!
Was ist beim Vereinbaren von Zielen auseinander zu halten?

1. Das Ziel
Was will ich erreichen?

3. Der Nutzen
Welchen Weg will
ich beschreiten?

2. Die Zielkennzeichen
Woran erkenne ich,
dass ich das Ziel
erreicht habe?

Folie 22

Bereichsplanung
(Projekte, Trends, ...)

Aufgabenstellung
(Aufgabenkatalog, Stellenbeschreibung, ...)

Unternehmens-
strategie
*(Planzahlen,
Entwicklungspläne, ...)*

Arbeitsverhalten
des Mitarbeiters
*(Persönliche
Entwicklungspläne, ...)*

Quelle der Zielfindung

Zielkategorien

Leistungsziele

Persönliche
Entwicklungsziele

Absatzziele

Personalentwicklungs-
und Führungsziele

Kostenziele

Innovationsziele

Qualitätsziele

Veränderungsziele

153

Folie 23

S	Simple	→ Einfache, mit wenigen Worten ausgestaltete Formulierung, leichte Verständlichkeit
M	Messbar	→ Angabe von Erfolgskriterien Quantitativ, messbare Einheiten: Euro, %, Stck., Quote, Ober- und Untergrenze Qualitativ: z.B. Konzept entwickelt haben, das von allen Empfängern befürwortet wird
A	Als-ob-jetzt, in der Gegenwart formuliert	→ Das Ergebnis beschreibend; als wenn das Ziel schon heute erreicht ist
R	Realistisch	→ Nicht über- oder unterfordernd. Wählen Sie positive Formulierung, keine Verneinung (»ich will nicht mehr...«) und ohne Vergleich (»ich will besser als ...«)
T	Terminiert	→ Angabe des Endtermins, an dem das Ziel erreicht sein soll

Folien für Workshop II:

Gesprächstechniken

Folie 24

Zielvorschläge des Leitfragen Mitarbeiters erfragen	Leitfragen
➜ Stellen Sie offene Fragen. Hören Sie aktiv zu (hinhören).	▪ Welche Zielvorschläge haben Sie? ▪ Welche Beweggründe haben Sie für diese Zielvorschläge? ▪ Welche Vorteile/Chancen sehen Sie? ▪ Welche wirkungsvollen Veränderungen werden dadurch initiiert? ▪ Welche Motive gibt es, bestimmte Ziele nicht aufzunehmen?

Folie 25

Eigene Zielvorschläge verdeutlichen	Leitfragen
➜ Machen Sie Ihre Erwartungen und Beweggründe deutlich. Sprechen Sie über Hintergründe.	▪ Welche Zielvorschläge haben Sie? ▪ Welche Erwartungen haben Sie an die Mitarbeiter? ▪ Welche Chancen, Vorteile, Verbesserungen sehen Sie?

155

Folie 26

Zielkongruenz herstellen	Leitfragen
Falls Sie keine Akzeptanz für Ihre Zielvorschläge finden: ▪ Ob und inwiefern sind Sie bereit, Ihre Position zu verändern? Würdigen Sie die Argumente Ihres Mitarbeiters? Schaffen Sie eine gemeinsame Basis.	▪ Was kann schlimmstenfalls passieren, wenn wir das in Frage stehende Ziel vereinbaren? Was ist zu befürchten? ▪ Angenommen, wir würden das Ziel vereinbaren, welche Konsequenzen hätte das? ▪ Angenommen, wir würden das Ziel nicht vereinbaren, welche Konsequenzen hätte das? ▪ Unter welchen Bedingungen könnte sich jeder auf das Ziel einlassen? ▪ Was sollten wir stattdessen vereinbaren?

Folie 27

Zielkonkretisierung durchführen	Leitfragen
Formulieren Sie die Ziele und Zielkennzeichen SMART.	▪ Woran wollen wir beide erkennen, dass das Ziel erreicht ist? ▪ Ist das Ziel simpel, messbar, anspruchsvoll, realistisch, terminiert?

Zielumsetzung besprechen	Leitfragen
Der Weg zum Ziel ist grundsätzlich Sache des Mitarbeiters. Je nach Entwicklungsgrad erhält er Unterstützung von innen.	▪ Was planen Sie, um das Ziel zu erreichen? Wie gehen Sie vor? ▪ Wer oder was könnte Ihnen helfen? ▪ Wer oder was könnte Sie behindern? ▪ Was hat schon einmal gut funktioniert? ▪ Was hat nicht funktioniert? ▪ Was wünschen Sie sich von mir?

Im nächsten Schritt informieren Sie alle Mitarbeiter. Sie nehmen Ihren Folienvortrag und stellen das Zielsystem Ihren Mitarbeitern vor. Danach lassen Sie die Mitarbeiter in Gruppen von 3 bis 4 Personen (oder 5 bis 7, wenn es sich um mehr als 30 Mitarbeiter handelt) arbeiten.

Wenn Sie mehr als 100 Mitarbeiter haben, teilen Sie die Mitarbeiter in Subworkshops von jeweils 50 Personen auf und arbeiten in diesen Gruppen mit jeweils einem Moderator.

Die Gruppen bekommen den Auftrag, 3 Fragen zu diskutieren und ihre Antworten auf Moderationskarten festzuhalten.

1. Was finden wir gut bei Führen mit Zielen?
2. Wo sind wir skeptisch?
3. Was müsste sofort geändert werden?

Die Highlights werden auch hier kurz präsentiert. Nebenbei haben Sie für die Ausgestaltung Ihrer Führungskultur die wesentlichen Veränderungspunkte erhoben und wissen jetzt, was Sie zu tun haben.

Sie können im Anschluss Teamzirkel durchführen lassen, um in jeder Abteilung die Abteilungsziele erarbeiten und diskutieren zu lassen. Geben Sie dafür Ihrer Personalentwicklung, Ihrer Projektgruppe oder einem externen Berater den Auftrag.

Ein wichtiger nächster Punkt ist, den Führungskräften bei der ersten Zielformulierung ein Coaching zu empfehlen. Sie wissen von Anfang an: Die Qualität der Ziele ist das Entscheidende.

Jetzt werden die Gespräche durchgeführt. Achten Sie auf den Zeitpunkt. Er sollte zu Ihrem sonstigen Planungszyklus passen. Achten Sie auch darauf, dass sich die Sequenz der Zielvereinbarungsgespräche nicht ewig hinauszieht. Wenn im Mai oder Juni die Ziele für ein Kalenderjahr vereinbart werden, ist das Unsinn. (Wir haben das alles schon erlebt).

Nach etwa drei Monaten führen Sie eine erste Befragung durch. Wir nennen das Monitoring. Stellen Sie allen Mitarbeitern folgende Aussagen zur Einschätzung:

- Die Ziele, die ich habe, sind für meinen Arbeitsbereich bedeutungsvoll.
- Ich bin für die Erreichung meiner Ziele voll motiviert.
- Ich erhalte die notwendige Unterstützung für die Zielerreichung.
- Alles in allem wird das Zielvereinbarungssystem uns in unserer Leistungsfähigkeit deutlich voranbringen.

Lassen Sie die Auswertung für jede Abteilung/Bereich separat durchführen. Machen Sie im ersten Jahr der Einführung alle drei Monate diesen Check. Danach genügt es, alle sechs Monate den Monitor durchzuführen.

Ich empfehle Ihnen, die Bonusregelung nicht mit dem Zielsystem gemeinsam einzuführen. Lassen Sie sich und Ihren Führungskräften/Mitarbeitern Zeit, mit dem System vertraut zu werden.

Sie können jedoch, insbesondere wenn Sie das System in einem Unternehmen einführen, einen speziellen Pilotbereich aussuchen. Dieser Bereich würde sofort mit der Pilotierung beginnen. Dort würde dann auch sofort mit der Bonifizierung der Ziele begonnen. Dafür braucht dieser Bereich dann eine besondere Betreuung.

**READY FOR
TAKE OFF?**

12. FÜHRUNGSSTIL UND ZIELVEREIN-BARUNGEN

Bevor ich das Buch abschließe, möchte ich Ihnen noch einige Anregungen zum Thema Leadership, besonders hier Führungsstil im Zielvereinbarungsprozess, geben. Sie haben immer wieder meine Anregungen zum Thema Führung gelesen. Das Zielsystem kommt nur zur vollen Wirkung, wenn es nicht nur mechanisch oder technisch betrieben wird. Es kommt auf die Einstellung und Kompetenz des Vorgesetzten an. Ein Teamleader arbeitet immer daran, dass für sein Team Identität entstehen kann. Identität als das höchste Gut, das eine soziale Gruppe – ob Familie, Verein oder Managementteam – erreichen kann.

Die Rolle des Vorgesetzten ist es, die Rahmenbedingungen so zu gestalten, dass die Menschen eine optimale Leistung erbringen können und Engagement, Freude und Stolz auf die Erfolge zu entwickeln. Gleichsam wie ein solches Team auch Rückschläge verkraftet und schwierige Phasen durchstehen kann ohne zu zerbrechen. Der Führungsstil innerhalb dieses Prozesses muss sich sowohl der Situation als auch dem Engagement und der Kompetenz des Mitarbeiters anpassen.

In Anlehnung an das Modell von Hersey/Blanchard zeigt Ihnen die nachstehende Abbildung auf, welchen Führungsstil Sie in welcher Situation wählen können.

In der ersten Konstellation in der Sie einen/eine Mitarbeiter/in vorfinden, der/die (noch) wenig Kompetenz hat und auch wenig Engagement zeigt. Hier ist die Politik der kleinen Schritte angebracht. Die Ziele müssen in diesem Fall klar besprochen werden. Kleine Happen werden verabreicht. Schritt für Schritt leiten Sie hier die Entwicklung ein. Am engen Zügel. Alle Erfolge erkennen Sie sofort und deutlich an. Geben Sie hier regelmäßig Feedback über Erfolge und Misserfolge und das damit korrespondierende Verhalten.

Je nachdem was eher einsetzt: Zuwachs an Engagement oder an Kompetenz, wechseln Sie sodann zu den Zielen II oder III. Bei II können Sie jetzt zulegen und weitreichende Ziele formulieren.

Welcher Führungsstil geht einher mit dem Zielsystem?

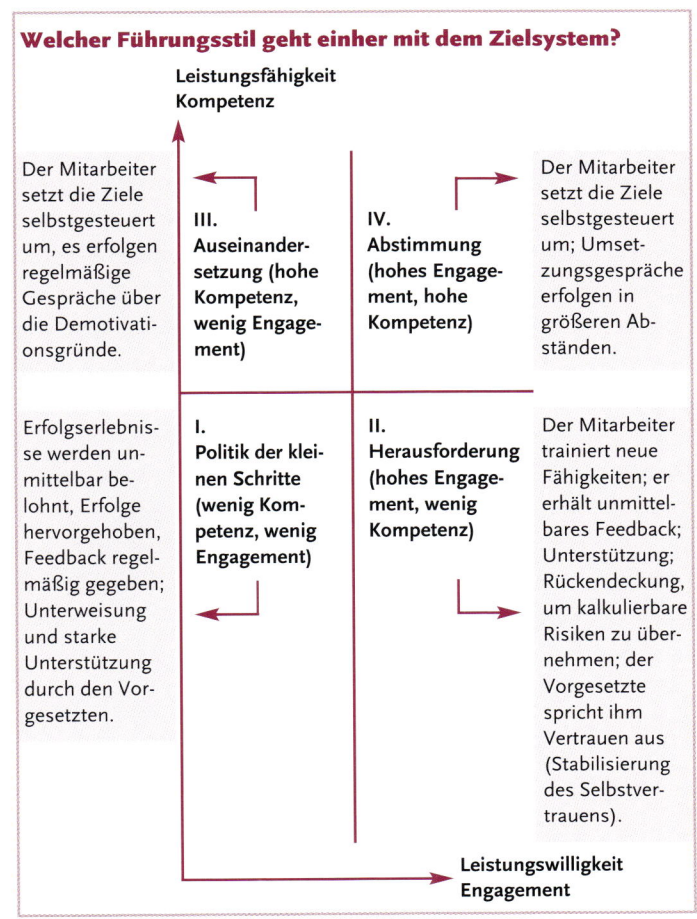

Leistungsfähigkeit
Kompetenz

Der Mitarbeiter setzt die Ziele selbstgesteuert um, es erfolgen regelmäßige Gespräche über die Demotivationsgründe.

III.
Auseinandersetzung (hohe Kompetenz, wenig Engagement)

IV.
Abstimmung (hohes Engagement, hohe Kompetenz)

Der Mitarbeiter setzt die Ziele selbstgesteuert um; Umsetzungsgespräche erfolgen in größeren Abständen.

Erfolgserlebnisse werden unmittelbar belohnt, Erfolge hervorgehoben, Feedback regelmäßig gegeben; Unterweisung und starke Unterstützung durch den Vorgesetzten.

I.
Politik der kleinen Schritte (wenig Kompetenz, wenig Engagement)

II.
Herausforderung (hohes Engagement, wenig Kompetenz)

Der Mitarbeiter trainiert neue Fähigkeiten; er erhält unmittelbares Feedback; Unterstützung; Rückendeckung, um kalkulierbare Risiken zu übernehmen; der Vorgesetzte spricht ihm Vertrauen aus (Stabilisierung des Selbstvertrauens).

Leistungswilligkeit
Engagement

Bei III ist es wichtig, an der Entwicklung des Engagements zu arbeiten. Arbeiten Sie heraus, welche Gründe es für die Demotivation gibt und welche Wege sich für ein höheres Engagement auftun.

Im Bereich IV braucht es nicht mehr die intensive Betreuung. Jetzt haben Sie die angenehmen Situationen, dass sich die Menschen selber Ziele formulieren. Hier braucht es regelmäßig mit dem Mitarbeiter abgestimmte Kontakte, sonst fühlen sich solche Mitarbeiter als Melkkühe und verlieren wieder die Lust. Auch hier ist dranbleiben am Ball wichtig. Führung ohne Kontakt gibt es nicht.

Systeme und Instrumente sind Drahtgeflechte. Sie sind leblos und unvollkommen. Es braucht den Meister, um sie zur Wirkung zu bringen. Es geht darum, mit Hammer und Meisel eine Skulptur zu bauen. Insofern gilt für alle was hier dargestellt wurde, das

EKODAN-WAMADAMA-PRINZIP.

ES KOMMT DARAUF AN,
WAS MAN
DARAUS MACHT!